民粹主義

POPULISMUS

21世紀公民的
思辨課

Jan Ludwig

楊・路德維希——著　麥德文——譯

推薦序——

理解民粹就是實踐民主

YouTuber 說書人／**超級歪 SuperY**

什麼是民粹主義？在我撰寫這篇導讀的同時，二〇二〇美國總統大選辯論正火熱上演，參選人互相指控對方是騙子的說詞，剛好很適合讓讀者一窺典型的民粹主義話術：

拜登：川普沒有健保政策，他根本不知道自己在說什麼！他連疫情都處理不好！

川普：媒體給你好的報導，給我壞的報導，都是假新聞啦！我早就習慣了！

拜登：美國警察系統的種族歧視你為什麼不處理！

川普：刻意談種族歧視就是製造對立、煽動仇恨！

拜登：你是美國史上最糟的總統！

這場辯論中的發言大概會讓台灣觀眾想到，不久前台灣2020總統大選的電視辯論，參選人們花了兩小時互相指控，而非有建設性地討論具體國家政策，同時，韓國瑜與蔡英文的支持者也都互相指控對方是民粹。世界各地的政治學者哀嘆民主在退潮，一般大眾開對民主政治失望，原本公民神聖的一票現在只寄望能選出一位不那麼糟的候選人。如果問題只是大眾對民主參與的信心正在消逝，那倒還有救，但當今世界各地的民主危機，還源自於另一股力量正藉著民主失能時趁機篡位，它的名字叫「民粹主義」。

在台灣，「民粹」已經變成指控對手最好用的政治標籤，只要實施跟我立場不同的政策，就是民粹政黨，只要我不喜歡的就是「民粹」，我喜歡的就是「傾聽民意」。但是，這種區分「你們」／「我們」的行為，其實本身就是孕育出民粹主義的養分，結果，指控別人是民粹的人，自己可能也不自覺得落入另一種民粹。因為看到這個現象越來越普遍，我在半年前拍攝了一支關於民粹主義的說書影片，想讓觀眾可以更清楚認識到底何謂民粹主義，不過在拍攝時我立刻發現，在台灣書市上，多數介紹民粹主義的書籍仍然偏理論導向，一般大眾可能難以消化。讀者手中的這本《21世紀公民的思辨課：民粹主義》卻是我目前看到最深入淺出的導讀書，可以說是目前市面上最適合「入門級」的一本。如果這本書早點出版，我會很樂意選這本書做導讀影片。

這本書的作者是德國記者楊．路德維希（Jan Ludwig），因為本書是設計寫給德國公民的小書，所以書裡的例子多半是德國社會的經驗或是歐美國家的社會境況，談論歐洲國家的民粹政黨如何趁著近年的難民問題、恐怖攻擊問題興起，也因此，作者也在一開始就提醒讀者這本書是聚焦在右派民粹主義，而沒有談論左派民粹主義。我發現這幾乎是介紹民粹主義的書籍都會遇到的麻煩，因為多數作者都是希望告誡讀者，歐美國家要被民粹政黨、政治領袖佔據（看看近年興起的法國的勒朋、荷蘭的懷爾德斯、匈牙利的維克多），所以並不會談比較草根性的左派民粹主義，否則可能造成讀者的混淆，不曉得民粹主義到底是好是壞。

這本書的一個思想主軸是指出，（右派）民粹主義跟民主最大的區別，在於情緒煽動與理性討論兩者之間的比例。民粹主義者想鼓動的是情緒而非理性，因為製造恐懼和憤怒更容易達到政治績效、目的，所以資訊是真是假無所謂，散播假新聞、陰謀論也沒關係，現代人不點開臉書上的新聞內容，只看標題就留言分享，更是民粹主義者的最愛！因為提不出更好的理性論政，只好透過貶抑他人的想法來抬高自己的地位，藉由情緒操控群眾來對抗敵人，在哲學家尼采眼中，這種心理操弄技術正是典型的奴隸怨恨心理，是弱者的表現。因此作者也提醒讀者，應該去注意民粹主義者到底是一群什麼樣的人，他們很可能是社會結構轉型時沒有被體制照顧到的受害者。

然而，近年也有政治學者試圖從民粹主義中發掘新的政治動能，有沒有可能發展出一種對社會有益的民粹主義？民粹主義者喜歡宣稱自己是唯一、真正的人民代表來為自己增加正當性。「人民」、「民眾」、「庶民」這些字近幾年越來越常見，政治哲學家拉克勞（Ernesto Laclau）把這些字稱作「浮動意符」（floating signifiers），它們其實根本沒有實質意義內容，只是一個空的符號，讓大家投射自己在既有的政治管道上無法宣洩的情感、不滿（這個政府眼中早已沒有「人民」！下臺！）對於領導者的共同好惡被凝結在一個象徵符號中，因而賦予人們一個共同的政治認同，形塑出強大動員力量。拉克勞認為這種動員力量可以發展出一種左派民粹主義，用來促進社會公平正義，才是真民主，而非像右派民粹主義只追求政黨政治利益的假民主，例如二〇一〇年茉莉花革命、二〇一一年的華爾街運動，都是以「人民」的名義號召群眾，而帶領社會走向正向改革。

無論是哪種民粹主義，無論是誰想要主張自己可以代表普羅大眾，只要人們願意並且能夠追求真相、理性討論，這些行動就是在實踐民主。我們必須承認，在世界各地，多數有大學學歷以上、讀過較多書的人，普遍會認為民粹主義者是「外行」、「情緒化」、「被政治操弄的選民」，而自己則跟他們不一樣，但這種看人低一等的態度，往往只會造成民粹主義者更加深既有印象（看吧！這些政治菁英根本不在乎人民！）如果要能贏得民眾信賴，深化民主溝通機制，不只是要小心民粹主義的興起，自認為不是民粹主義者的人們也可以反省一下，自己對民主的認識又有多少、是否把對方當成互相尊重的公民而不是情緒選民、是否願意不帶偏見的去聽聽看跟自己意見不同的聲音？民主不是一個先存在在過去，而必須被守護，不要在未來被民粹主義侵蝕的東西。民主是一個必須透過重複實踐創造出來的東西，如同作者在書裡的結尾指出的「只要多聽民粹主義者說話一會兒，就會發現我們其實正在參與這樣的民主」。

CONTENTS

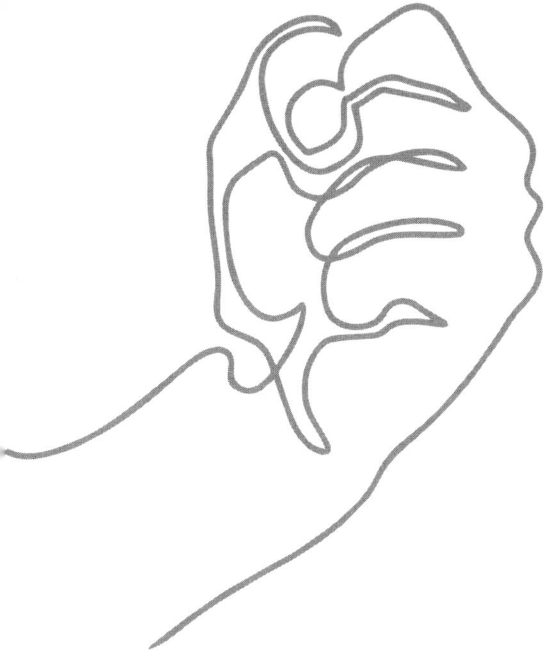

前言

「民族敗類」、「謊言媒體」、「混種」、「獨裁總理」、「恐怖統治總理」以及「政權」（Regime）：這類字眼多年來在德國顯然已經司空見慣。政治人物和國民隨口說出這些語詞，有如德國不是民主國家而是獨裁政權。怎麼會發生這種事？

民粹主義者的崛起長遠改變我們的社會和政治，而且不只在德國；民粹主義者如唐納．川普（Donald Trump）統治著一個超級大國，擔任美國總統；民粹主義者也在匈牙利、希臘和其他國家的政府任職。沒有民粹主義者的影響，英國就不會選擇脫歐（Brexit），也就是決定退出歐盟。

幾十年後，我們的時代也許會被稱為民粹主義時代。難民危機、唐納．川普勝選和英國脫歐的結果：過去幾年最大的政治課題不僅和民粹主義（Populismus）密切相關，如果不了解民粹主義如何發生作用，就無法解釋這些政治課題。但是「民粹主義」究竟是什麼？

「民粹主義」一詞來自拉丁文 populus，這個字的意思就是人民，民粹主義者即自我宣稱是唯一代表「人民」、代表「沉默多數」的人，因此他們經常指責其他政客畏縮、作惡多端，甚至稱之為「民族敗類」。民粹主義者對記者也毫不客氣，有些民粹主義者稱媒體為「民族敵人」，或一律斥之為「謊言媒體」。

民粹主義者大大簡化了犯罪、外來移民或氣候變遷等複雜課題，針對這些課題，他們經常以很聳動的措詞提供快速而看似簡單的解決方式。在他們眼中向來有個明顯的罪魁禍首，例如外國人、歐盟、媒體、銀行或者乾脆就說是「菁英」的錯。

這一切聽起來可不怎麼民主。但是在許多國家，好比法國、美國、英國、匈牙利、奧地利和德國仍有數百萬人投票支持民粹主義者。是什麼驅動他們和他們的選民？我們必須害怕民粹主義者嗎？還是民主可以因民粹主義者而受益？到底該如何辨識政治人物的發言是否帶有民粹色彩？為何目前有那麼多民粹主義者？

接下來的篇章將回答以上問題。本書最後還必須澄清一個可說是最重要的問題，也就是指出應對民粹主義者的最佳方式，因為就目前已知，民粹主義的確危害我們的民主體系。

民主不只是種國家形式，也是不斷的挑戰；民主不應該只是每幾年投一次票，在選舉和選舉之間的行為也要符合民主。在過去幾年，我們之中許多人如政治人物、公民、記者並未做好自己的工作，這是民粹主義目前如此盛行的重要因素，也是我之所以寫下這本書的主要原因。

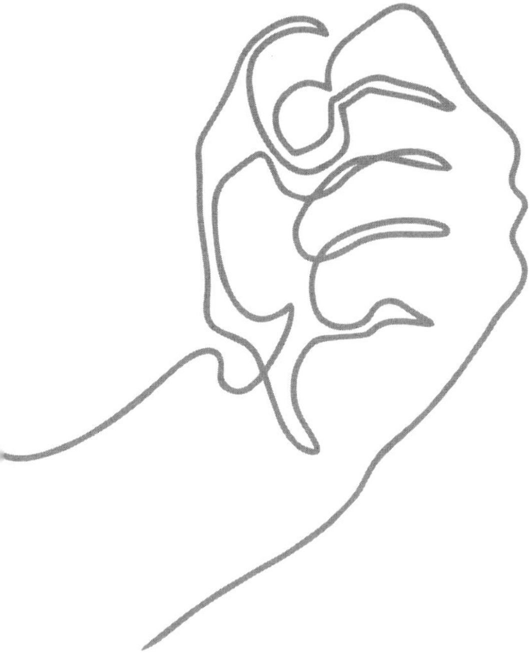

第*1*章

民粹主義時代

民主就是：每個人或許各有信念，現實自會使他們清醒。

——羅傑．威廉森[1]

一個法國女性、一個荷蘭男性、一個德國女性和一個義大利男性在世界上最富有的民主國家之一聚會，就說是在二〇一七年吧。法國人說：「歐洲所有民族都被暴政奴役！」荷蘭人說：「我們會擺脫暴政，讓我們的國家再次偉大。」德國人說：「歐洲再也無法忍受歐盟。」義大利人說：「民族主義萬歲！」掌聲如雷。

沒有笑點？當然，本來就不是個笑話。這段話所描述的場景確實發生過，就在二〇一七年一月，在德國寇布倫茲（Koblenz）的萊茵莫瑟會議中心（Rhein-Mosel-Halle）。在這個冬季冰冷的日子裡，歐洲最重要的右派民粹主義者初次聚會。

事件中的荷蘭人是海爾特．懷爾德斯（Geert Wilders），因為散播種族仇恨言論被判刑。法國人是瑪琳・勒朋（Marine Le Pen），想讓死刑重新列入刑罰。義大利人是馬泰奧・薩爾維尼（Matteo Salvini），稱其他政治家是「寄生蟲」和「叛徒」。德國人是佛勞珂・佩特里（Frauke Petry），樂得將「日耳曼族」（völkisch[2]）一詞成為政治上的普通用語，這個辭彙卻是因為一份新納粹報紙《日耳曼族觀察報》（*Völkischer Beobachter*）而知名。

當時這四個人都是各自國家的民粹主義政黨黨魁，上文引述他們在聚會中的發言。他們的政黨從未如今日這般成功：民粹主義者目前幾乎在歐洲所有國家的議會都占有席次。

要是十年、十五年前在德國說起民粹主義者，大家比較會想到社會民主黨人（SPD）如法蘭茲・明特費林（Franz Müntefering），他當時是

1. 羅傑・威廉森（Roger Willemsen，一九五五—二〇一六），德國政論家。引文出自羅傑・威廉森所著《腦或鷹，偵查德國》（*Kopf oder Adler. Ermittlungen gegen Deutschland*）。
2. 譯註：原本只是泛稱以「我族」為要的意思，為納粹用語，配合上下文改為「日耳曼族」。

社民黨黨魁，以言辭鏗鏘有力而聞名。明特費林在二〇〇四年批評投資大戶就像「蝗蟲」，只想著快速獲利，逐字引述：這些人是「不負責任的一群蝗蟲」。批評者因此指責他搞民粹和散播仇恨。

基社盟（CSU[3]）黨魁，同時也是拜昂邦首長霍斯特．傑霍夫（Horst Seehofer）多年來都以其民粹式競選語言聞名。好比他喜歡控訴富裕的拜昂邦不得不付錢餵養德國其他聯邦，但拜昂邦長時間以來其實是比較窮的一個邦，要靠其他邦的金援來維持。於是很快招來批評，說傑霍夫想推卸責任，許多人批評他是民粹主義者。

這些情況下提到的「民粹主義」都被理解為指責之詞，不管傑霍夫還是明特費林都不太想被當成民粹主義者。他們接近民眾，的確，就像俗話說的「傾聽民意」；說起話來「伶牙俐嘴」，說人民想聽的話，也就是言語通俗而不經修飾。

就和選舉海報以及國會席次一樣，這類型的民粹主義是民主的一部分。所有的政治人物都很想被公民了解，因此他們避免生澀的語詞，在脫口秀裡說明主張，擬定琅琅上口的選舉口號，越簡單越順口越好。有些政治人物就說過頭，好比明特費林和傑霍夫，其他人則省略一些事實，使他們的說法聽起來多少會引人誤解。民粹主義是所有政黨偶爾都會運用的技巧，只是強度有所不同。

媒體也對政治民粹主義推波助瀾。八卦報如《畫報》（*Bild*）頭版就印著大大的聳動標題，故事越情緒化、越醜陋就越好。在這個標題至上的世界裡通常不重視細節，導致政治人物本身也喜歡做出民粹主義發言，好讓自己成為頭條（政治人物要求：「犯罪的外國人滾！」或是「沒收銀行！」）。流行化，也就是偶爾必要的簡化，和民粹主義之間的界線本來就浮動不定。

但是一段時間以來，在世界上許多國家當中卻形成另一種比較極端的

3. 譯註：全名是巴伐利亞基督教社會聯盟（Christlich-Soziale Union in Bayern e.V.），是德國拜昂邦的地方型政黨，但是和基民黨聯盟參與全國大選，是偏右派的政黨。

民粹主義，本書要討論的就是這種民粹主義。這種民粹主義把世界分成「我們」（好人）和「那些人」（壞人）。簡化政治問題對這種民粹主義而言不只是種爭取選民的手段，一些名詞如「蝗蟲」並非無意說溜嘴，也不是戰術手段，而是謀略。

對大部分的人來說，民粹主義這個字眼聽起來有負面涵義，但是許多現代民粹主義者帶著驕傲承擔這些罵言，這些指責就像是他們的勳章一樣。好比康拉德・亞當（Konrad Adam），他是德國右派民粹政黨「德國另類選擇黨」（Alternative für Deutschland，縮寫為ＡｆＤ[4]）的創黨人之一，在第一次政黨大會上就呼籲「對民粹主義的指責應被視為表彰」，應該「讓世界想起民主本來就是種民粹體制，因為民主把最後話語權交給人民——人民，而非他的代理人」。

法國的瑪琳・勒朋，右派民粹政黨「民族陣線」（Front National）黨魁也把「民粹主義者」當成榮譽勳章：「如果『民粹主義者』指的是關心人民，把人民放在政治辯論的中心，那麼是的，我是民粹主義者，感謝讚美。」這話說得再清楚不過了。

讓我們舉幾個歐洲民粹政黨當作例子。

荷蘭

一頭金色頭髮，荷蘭的海爾特・懷爾德斯或可稱為歐洲最顯眼的民粹主義者，他的仇外言論也讓他成為議論焦點。他在二〇〇六年成立「自由黨」，荷蘭文是 Partij voor de Vrijheid（縮寫為ＰＶＶ），從那時起他就經常喜歡出言挑釁，例如他想禁止可蘭經當作書籍流通，還有廢除歐洲國會。此外，懷爾德斯要求對每個女性穆斯林徵收一千歐元的「頭巾稅」；他並不把伊斯蘭視為一種宗教，寧可將之比喻為法西斯主義和共產主義。

他對自己黨內的民主並不怎麼當一回事，他不僅是該黨的黨魁，還是

4. 譯註：該黨最初於二〇一三年由經濟學家貝恩德・盧克（Bernd Lucke）等人創立於柏林，主要宗旨反對歐盟一體政治及歐元單一貨幣經濟。

唯一的黨員；他自行提名參選人，黨綱由他一個人制定。二〇一七年選舉結果：得票率百分之十三點一，成為荷蘭第二大黨。

法國

瑪琳・勒朋目前是歐洲在位最久的民粹主義者，也是最成功的一位，法國二〇一七年國會大選第二輪投票[5]當中，每三個人當中就有一人把票投給她。二〇一一年，她承接父親的職位，成為「民族陣線」的黨魁，她的父親是出名的極右派分子。在短短數年內，瑪琳・勒朋將極右派的「民族陣線」變成歐洲民粹主義的領航艦。「民族陣線」對抗「歐洲的伊斯蘭化」，勒朋致力於使法國退出北大西洋公約組織（NATO）的軍事聯盟，長期以來都想讓人民贊成死刑。

義大利

畢普・葛里洛（Beppe Grillo）原本是喜劇演員，但他身為公民看不慣國內的腐敗，於是投身政治，二〇〇九年建立「五星運動」組織（Movimento 5 Stelle）。現今葛里洛煽動人們反對整個政治體系，也就是並非針對個別政治人物；此外他嚴拒和其他黨派合作。在義大利最大的兩個城市——羅馬和圖林，「五星運動」甚至由兩位女性勝選擔任市長。

最近一次全國選舉是在二〇一三年，選舉結果：得票率整整百分之二十五，成為第三大黨。

西班牙

「我們可以」（Podemos），這句話不僅是西班牙政黨的選舉口號，

5. 譯註：法國選舉採兩輪制，第一輪如有候選人獲得過半票數即為當選，也就不會舉行第二輪選舉。若進入第二輪選舉，總統選舉以多數決，議員當選門檻則是百分之十二點五。

也是該政黨的名稱。「我們可以」這個政黨雖然在二〇一四年成立，卻源自一個比較早期的抗議運動，這些左派民粹主義者尤其批判歐盟在西班牙進行的撙節政策。黨魁巴勃羅・伊格萊西亞斯・圖里翁（Pablo Iglesias Turrión）是出了名的說話強而有力，他就曾指責某個政治對手，說對方足以成為「強權者的傀儡」。

二〇一六年選舉結果：得票率百分之二十一點一，成為第三大黨。

希臘

二〇一五年起，希臘就由一個怪異的聯盟統治：「激進左翼聯盟」和「獨立希臘人」聯合主政，「激進左翼聯盟」是左派與極左派政黨聯盟，「獨立希臘人」卻相反的是右派民粹主義者，拿德國當對照，就像德國另類選擇黨和左派合作一樣。二〇一五年，激進左翼聯盟的黨報登出一幅當時德國經濟部長沃夫岡・蕭伯樂（Wolfgang Schäuble[6]）的諷刺漫畫，畫中的蕭伯樂穿著納粹士兵的德意志國防軍制服，把希臘人燒成灰燼，打算拿希臘人的脂肪做成肥皂。

德國

右派民粹主義的「德國另類選擇黨」原本是因應二〇一三年的歐元危機而成立，自從成千上萬尋求庇護的難民來到德國，這個政黨就變得極端，好幾個高層黨員因極右派言論而受到矚目。當前德國另類選擇黨籍聯邦議院議員馬庫斯・富隆邁爾（Markus Frohnmaier）於二〇一六年七月要求，接下來幾年內不得讓「任何來到歐洲的外籍穆斯林存在」。

二〇一七年聯邦議院選舉結果：得票率百分之十二點六。

這張表還可以繼續增列加長，在一些國家如瑞典、奧地利或是挪威都

6. 譯註：蕭伯樂屬於德國基民黨，基民黨是偏右派自由主義的政黨。

有民粹主義政黨，匈牙利、波蘭和斯洛伐克的民粹主義者甚至擔任政務官。整體而言：南歐的西班牙、希臘和義大利盛行左派民粹主義，這些國家失業率高，國家從二〇〇八／〇九年的財務和經濟危機就開始負債累累，許多南歐人因此有個強烈印象，認為政治菁英想傷害他們，他們把國內政治人物、企業家和銀行家，以及歐盟或是全球金融市場，都算在菁英之內。

在比較富裕的北歐和美國主要則是右派民粹主義，這些國家有許多人把外國人當作威脅，特別是難民，認為難民是想要奪走國人財富的外來者。「比較想要一個對世界開放的國家，還是重視國家邊界？」針對這個問題，二〇一七年有百分之八十五的另類選擇黨選民回答：國家邊界。

因此現代的右派民粹主義者不僅抗拒「上位者」，還拒絕外國人。民粹主義政治人物刻意要把人排除在外，激化恐懼，甚至經常造成輕視。在德語系國家，右派民粹主義者比左派的成功，因此本書大部分討論的都是右派民粹主義者。

不管左派或右派，不論在歐洲或美國，除了成果斐然，這些民粹主義者還有幾個共通點，他們最重要的特徵將在下一章說明。

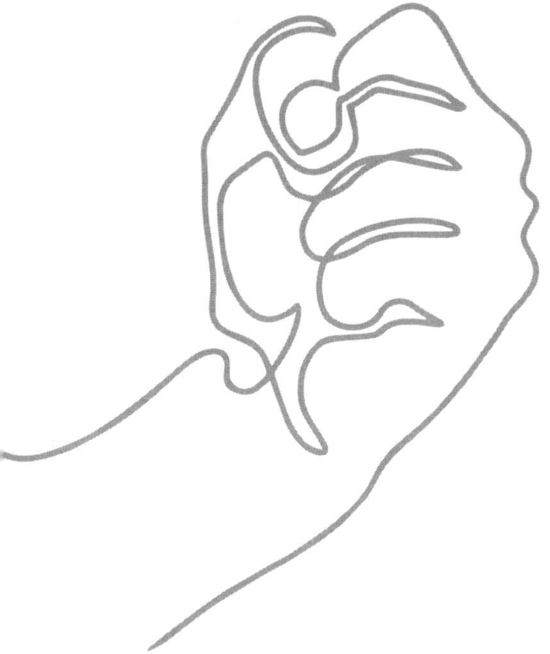

第2章

從何分辨民粹主義者？

在民主功能不彰的狀況下，示威抗議者越是自行主張代表普羅大眾，就越偏向民粹主義。

——揚-維爾納·繆勒[7]

政治學家一再強調沒有單一種「民粹主義」，每個國家的情況都不相同，不過有些相似性卻超越國界。符合下列分類標準的也不全然就是民粹主義者，也不是所有民粹主義者都符合下列全部標準。比起左派，這些特徵比較能從右派民粹主義者身上看出來。

1. 針對複雜問題，民粹主義者提出非常簡單的解答。

二〇一七年聯邦議院大選前夕，在一個脫口秀節目當中，德國另類選擇黨政治家亞歷山大・高蘭（Alexander Gauland）被問到，他的政黨對德國的改變是否能做出建設性的提案，他回答：「這在目前不是我們的任務，我們想把這個國家維持在我們至今所知的狀態，也就是難民危機之前的狀態。」複雜的問題，簡單的答案：民粹主義者運用的就是這種方式。簡單的答案是脫口而出的，因此並不一定經過深思熟慮。

伊斯蘭恐怖攻擊增加了？那就不要再讓穆斯林到歐洲來！如上一章說明，這個建議來自德國另類選擇黨的政治人物馬庫斯・富隆邁爾，時間是在二〇一六年夏天。不過按照富隆邁爾的邏輯，也不能把汽車鑰匙交給年輕人，因為根據統計數字，他們發生車禍的比例遠遠超過其他族群。按照富隆邁爾的邏輯也要立法禁止抽菸，畢竟德國每天有三百到四百人死於抽菸後遺症。

7. 揚－維爾納・繆勒（Jan-Werner Müller，一九七〇—），德國政治學家。引文出自繆勒所著《民粹主義》（*Populismus*）第一章。

民粹主義者主要關心的不在於完全解決政治問題，他們最重視的是去滿足找出代罪羔羊的期望，把世界簡單劃分成非黑即白，非善即惡——最重要的：區分「我們」和「那些外人」。

2. 民粹主義者將世界分成「我們」和「那些外人」。

「我們就是人民」：各國民粹主義者都會在群眾聚集處呼喊這個句子，在前東德即將解體幾個月前，憤怒的民眾就曾呼喊著「我們就是人民」而走上街頭，他們抗議不民主的政府，最終使這個政府垮臺。

如果一個國家的所有民眾聚集在一個巨大的廣場，然後呼喊著「我們就是人民」，那麼這個說法確實沒有錯。其他任何情況下，這個句子的意思和原本的意義卻不相同。在民粹主義者的語彙裡，「我們就是人民」意謂：「我們，而且只有我們才是人民；你們這些想法不同、長相不同以及信仰不同的人，你們不是人民一分子。」其他人指的是：在德國就是那些政治對手，但主要指的是穆斯林、難民或一般外國人，在法國、匈牙利、瑞士和奧地利也一樣。左派民粹主義者劃定的界線比較不那麼針對外來者，他們的敵人是經濟和政治菁英。

民粹主義者的邏輯如下：我們，民粹主義者，是唯一真正的人民代表。如果我們執政，一切就沒問題；如果執政的不是我們，人民當然也就不是主政者，也就是只要不投票給我們，我們就活在極權之下。每個至今不聽從人民意志的政治人物，就是背叛自己的人民。以上就是右派民粹主義者運用的辭彙。

3. 民粹主義者激化恐懼，例如憂心內戰。

危機讓人感到不安，覺得自己的生活受到危害，富裕生活和文化受到威脅。民粹主義者根本不必誘發恐懼，恐懼一直都在，但是每種恐懼都是這樣：可以抵禦——或是加以激化。

民粹主義者選擇第二種。他們喜歡描繪災難景象，說起「迫在眉梢的內戰」或是德國的衰亡。二〇一五年十月，德國另類選擇黨政治人物比約恩．霍克（Björn Höcke）在談話中表示：「如果我們不煞住這種發展，」——指的是接收難民——「我預測將會發生內戰。」

佛勞珂．佩特里，前不久在二〇一七年聯邦議院大選後成為德國另類選擇黨黨魁，她也說過類似的話。她在一次訪談中的措詞是：「我們不想要德國發生內戰！」這種說法恰恰挑起人們顯然並不想要的：恐懼。想像一下警察來按鈴說：「您好！我可以向您保證，您這條街上沒有火力強大的毒梟幫派火併。」這種情況下也許不會有人想著：太好了，我可以高枕無憂。剛好相反：如果警察突然到處說「火力強大的販毒幫派」才讓人不安。還有：為何警察突然來按門鈴？隔壁巷子發生什麼事了嗎？鄰近的市區呢？隔壁的村子呢？

民粹主義者從強化恐懼當中獲益。因為恐懼越強烈，選民就越想尋找救星，而這些救星很接近各個民粹主義者的形象。

4. 民粹主義者把自己當成解放者和民主最後的救星。

唐納．川普在二〇一六年的競選活動中向支持者呼喊：「沒有人比我更了解這個系統，所以只有我能修復它。」只有我，只有我，只有我——要是有人幫唐納．川普的政治生涯寫首歌，這三個字會是重唱部分。

不是每個民粹主義者都像現任美國總統那麼自我中心，但是大部分都和川普有個共通點：他們自視為人民救星。西班牙必須在「民主和野蠻」之間做出選擇，「我們可以黨」的左派民粹主義黨魁這麼說。前文所提及右派民粹主義者的寇布倫茲聚會也是個好例子，發言者在會中不斷提及的

「暴政」和「獨裁」主要指稱歐盟。

民粹主義者認為自己國家的政治系統殘破、落後且沒有效益。好比德國另類選擇黨的高層政治人物就說，他們的政黨是「德國最後的進化機會」。也就是說：民眾要不選擇德國另類選擇黨（＝政治進化），要不就發生革命（暴力轉變），如此一來當然引起騷動。革命？在我們的國家？我能做什麼阻止革命發生？民粹主義者早已有個點子：把票投給他們，換掉舊的政治系統。

民粹主義者的夢話聽起來常是：「這個國家需要德國另類選擇黨的完全勝利！」這是德國另類選擇黨黨魁比約恩．霍克在圖靈根（Thüringen）一場演說中的語句。觀眾興奮地鼓掌，一再呼喊著：「霍克！霍克！霍克！」

義大利的民粹主義者畢普．葛里洛也有類似的說詞。他接受《時代》雜誌訪談時清楚表示：「我們想要百分之百掌握國會，不是百分之二十、二十五或百分之三十。」完全勝利？百分之百的國會席次？這些說法透露出的不僅是民粹主義者不願意和其他民主黨派合作，說這種話的人要求的是廢除現有政治系統。

這一切在民粹主義者已經掌權的國家比較簡單，以民粹主義者的觀點來看，沒必要對政治對手特別客氣，因為如上所說，他們不代表人民。匈牙利總理奧班・維克多（Viktor Orbán）宣稱想建立一個「非自由（主義）國家」，意思就是：想建立一個縮減人民權力的國家。

5. 民粹主義者以「系統政黨」等辭彙貶低其他政治人物。

說他們是「舊政黨」、「既得利益者」、「陣線政黨」（Blockpartei）或是「系統」：給痛恨的政黨及其代表人物取名，民粹主義者在這方面顯得相當有創意，他們想藉此表達，從前的政黨並不能解決時代的問題，不能解決世界經濟危機、歐元危機，也不能解決難民危機，更糟糕的是：舊政黨可說聯手結成某種壟斷組織，聯合起來對抗那些企圖削減他們權力的人，好比防禦民粹主義者。

根據德國另類選擇黨代理全國主席貝阿特里絲．史多赫（Beatrix von Storch）的說法，德國政治人物「離他們的人民如此遙遠，根本不再能夠想像人民的存在，他們真的不再了解人民，因為他們活在自己封閉的宇宙裡，把自己弄得舒舒服服的，根本和人民不再有任何牽絆」。政治菁英「完全遠離人民」，西班牙「我們可以黨」左派民粹主義者也有相同的批判。

責怪政治對手是個古老的遊戲，但是民粹主義者的新招數在於不斷激起仇恨，好比德國另類選擇黨主席耶爾格．默爾騰（Jörg Meuthen）就宣稱：德國受「左派－紅（社民黨代表色）－綠（綠黨）的汙染」。他的黨派同志，現任的聯邦議院議員尤爾根．波（Jürgen Pohl）在二〇一七年二月就威脅地說：「你們還高高在上地坐在那兒，你們這些膽小鬼，接受敵人的金錢，嘲笑人民。但是正義將重新掌權，然後人民會挺身而起，願上帝憐憫你們！」

民粹主義者通常也會發明或捏造政治對手所說的話，有時只要改變兩個字母，就可以讓句子的意思完全變調。社會民主黨總理候選人馬丁・舒茲（Martin Schulz）曾在二〇一六年六月的演講中說：「難民帶給我們的比黃金還珍貴」，也就是「對歐洲夢堅定不移的信心，一個我們不知何時早已遺忘的夢想」。德國另類選擇黨把「帶給我們」幾個字去掉，就足以讓人們誤會整個句子，有如舒茲說的：難民本身比黃金還珍貴。後來以訛傳訛，就連和總理梅克爾進行電視辯論的時候，舒茲都被一個記者拿這個說法來質問。

6. 民粹主義者以迫害或囚禁威脅政治對手。

二〇一六年十月，唐納・川普和希拉蕊・柯林頓進行電視辯論，幾乎沒有一個美國人會忘記兩人相對而立這一幕，距離選舉日只剩幾個星期，估計六千六百五十萬個美國人當時都收看了轉播。川普在電視轉播現場威脅他的對手，他一邊盯著希拉蕊，一邊說他當上總統之後將會任命特別檢察官，檢察官的唯一任務就是找出希拉蕊．柯林頓是否犯法。希拉蕊當時還信心滿滿，回應說：「像唐納．川普脾氣這麼大的人不是這個國家的立法者，實在太好了。」川普冷冷地回答：「因為如此一來妳就會被關進監獄裡了。」

川普後來雖然當上美國總統，但是並未如宣稱的任命特別檢察官，追究希拉蕊．柯林頓是否違法。不過，光是威脅就達到他的意圖：他挑釁希拉蕊，讓他的支持者歡聲雷動。

以迫害威脅對手其實是獨裁者的套路，但民粹主義者並不在乎。在德國，「梅克爾進監獄」是民粹主義傾向的公民喜愛的口號，德國另類選擇黨加深他們的期盼。在二〇一七年的選戰當中，德國另類選擇黨頭號候選人愛麗絲・魏德爾（Alice Weidel）和當時的黨魁佛勞珂・佩特里多次表示，應該把安格拉・梅克爾送上法庭，不論是在難民危機或歐元危機發生之時，這個德國總理觸犯德國和歐洲的法律。

二〇一五年十月，德國另類選擇黨黨魁就已經控告過總理，罪名是「走私外國人」，指控的罪行：二〇一五年九月根本不該讓那些尋求庇護的人進入德國。柏林國家檢察官因此審查這項指控，結果：沒有不法行為。柏林國家總檢察官，也就是再高一階的主管機關，確認這項判決。雖然有前憲法法官的專家意見書和立場聲明指稱梅克爾違法，然而就連歐洲法院，也就是連歐盟最高法院都認定德國政府的決定間接合法。

7. 民粹主義者喜歡挑釁對手以炒熱氣氛。

在民主之中，民粹主義者也喜歡運用強權政治的語彙，「民族敗類」、

「謊言媒體」、「日耳曼族」和「過度異化」，這些都是納粹分子非常喜愛的字眼，有些甚至因為納粹才產生特殊含意。

荷蘭右派民粹主義政黨自由黨黨魁海爾特・懷爾德斯曾經要求，應該由一群摩洛哥狂熱足球迷用他們的牙刷清潔整個足球場。這種說法讓人想起，一九三八年的維也納猶太人被納粹黨人強迫用小刷子刷洗街道。

在德國，民粹主義的醜話也被中間黨派運用，好比當年的薩克森邦基民黨聯邦議院議員貝蒂娜・庫德拉（Bettina Kudla）就曾在推特上表示，德國的「種族倒置」已經開始。「種族倒置」主要在納粹時期被運用，尤其指其他國家的族群被強制外移，以替換成「比較日耳曼的族群」。庫德拉把這個詞反過來用：德國人退讓給非德國人。

民粹主義者也喜歡以畫面挑釁。有個法國記者於二〇一五年底將「民族陣線」（FN）和恐怖組織「伊斯蘭國」相提並論。「民族陣線」黨魁瑪琳・勒朋大為震怒，她想要用特別強烈的畫面讓大家看看，她的政黨和伊斯蘭國的區別何在，於是在推特上放了三張「伊斯蘭國」犧牲者的照片，分別是行刑中和行刑後，而且沒打馬賽克，完全呈現其中殘暴。但是散播暴力畫面在法國是法律禁止的行為，瑪琳．勒朋因此被起訴。

8. 民粹主義者鄙視媒體，並冠以「謊言媒體」等稱呼。

在民主體制當中，記者的工作在於仔細觀察強權者，披露不正當之處。但是民粹主義者卻認為記者們沒有達到這個要求，且其怠惰程度足以讓他們背上「系統媒體」之名，意思是媒體並未做出批判性報導，反而盡可能變成友善政府的「國家廣播公司」；「漏洞媒體」以及「小木偶媒體」等等其實還算是好聽的稱號。但「謊言媒體」就不同了，這是政治宣傳用語，在德國主要於一次世界大戰時期以及後來被納粹所使用，現在則是極端民粹主義者的流行用語。就像許多政治人物、極端民粹主義者也想轉移人們對他們虛假面的注意力，指責媒體這種方式通常都會成功。

一些美國媒體對川普做出負面報導之後，川普就稱他們是「美國人民的敵人」。二〇一七年十月他甚至發了條推特，表示絕對要考慮撤銷電視臺的播放許可證。正如德國文豪湯瑪斯·曼（Thomas Mann）曾說的，獨裁者想要「決定何者為真，何者愚蠢的絕對權力」，極端民粹主義者如川普在這方面很像獨裁者。上述民粹主義者特徵很適合用來做快速篩檢：將媒體統稱為「謊言媒體」的人，很可能是民粹主義者。

9. 民粹主義者散播陰謀論。

民粹主義者是簡化一切的能手，只要他們沒有正式政治活動，就會巡迴各地一再碎唸，譴責某件事都是某人的錯。舉例而言，德國另類選擇黨在聯邦議院的黨鞭漢斯尤爾克·慕勒（Hansjörg Müller）就宣稱，美國企業集團有計畫且刻意推動歐洲的「阿拉伯人－歐洲人混居」，慕勒的說法來自捷克前總統瓦茨拉夫・克勞斯（Václav Klaus）。

覺得聯合國想藉著移民弱化歐洲國家，這種想像在慕勒一類的民粹主義者之間也廣為流傳，他們的根據是二〇〇〇年的聯合國報告，但是仔細看看這份報告內容，卻恰恰和他們所宣稱的相反。此外這份報告只蒐集許多建議，卻非命令。

在匈牙利，右派民粹主義者奧班・維克多同樣對「混種」提出警告，針對「混種」他也一再攻擊匈牙利裔的億萬富翁喬治・索羅斯（George Soros）。根據索羅斯自己的說法，他支持全球維護公民權的組織，匈牙利政府卻在一場政治活動中將他視為難民危機的幕後操縱者。索羅斯在美國被指控經援反川普示威。

德國另類選擇黨在薩克森邦議會宣稱，美國中情局在二〇〇八年就曾警告德國會在二〇二〇年爆發內戰——同樣也不符事實。二〇〇八年在堪薩斯的一場演說中，當時的美國中情局局長邁克·海登（Michael Hayden）的確曾警示應注意騷動和極端主義。海登表示，移民融入社會是重大挑戰，但是移入國也因年輕勞動力而受益。海登在這場演說中從未提及內戰，也未說起「無法治理的德國」，完全不同於德國另類選擇黨在薩克森邦的說法。

為了發展出陰謀論，要有某個只知道一半卻自稱為專家的人；再來，總有些美國情報機關或某個研究的報告，出於個人目的以特定面向被呈現，然後從中獲利。但是只有假造引述，或是扭轉真假，才能達到效果。

10. 民粹主義者鼓吹以瑞士公投為模範。

德國是代議民主，也就是公民以一定的時間間隔選出民意代表，當選人應該代表公民，接受公民委任來制定法律。民粹主義者卻認為，如此一來人民的參政度不足，公民雖然可以選舉，但是權力在「系統」手上，而且「系統」甚至運用「洗腦」的手段。民粹主義者也很喜歡警告大眾所謂的系統性選舉詐欺，好比最近一次（二〇一七年）的聯邦議院大選。

民粹主義者幸運之處在於，有些公民據稱至今未曾發表意見，他們很可能從未曾投過票。瑪琳．勒朋稱這群人是「隱形多數」，德國另類選擇黨稱之為「沉默多數」，唐納．川普稱之為「被遺忘的男男女女」。

如果公民，包括那些「沉默的」、「隱形的」，能透過公民自決來制定法律，這樣不是比較合理？也就是，如果他們不只能在選舉時表達立場，而是隨時都能表達意見呢？德國另類選擇黨說：正該如此。這個主張甚至是他們政黨綱領要點之一。右派民粹主義者奧地利自由黨（FPÖ）認為奧地利就該這麼做，英國獨立黨（UKIP）也這麼認為。

瑞士對他們而言一直都是最佳典範。德國另類選擇黨當時的黨魁佛勞珂．佩特里在一次訪談中表示，瑞士模式「一百多年來證實非常有用」。

德國另類選擇黨黨綱讚美地寫著：「瑞士經驗證實，公民行為比職業政治家更趨向促進全體利益。」許多問題如果以公民投票來決定，卻會形成一種多數人的民意獨裁，不過這個面向留在後面章節再討論。

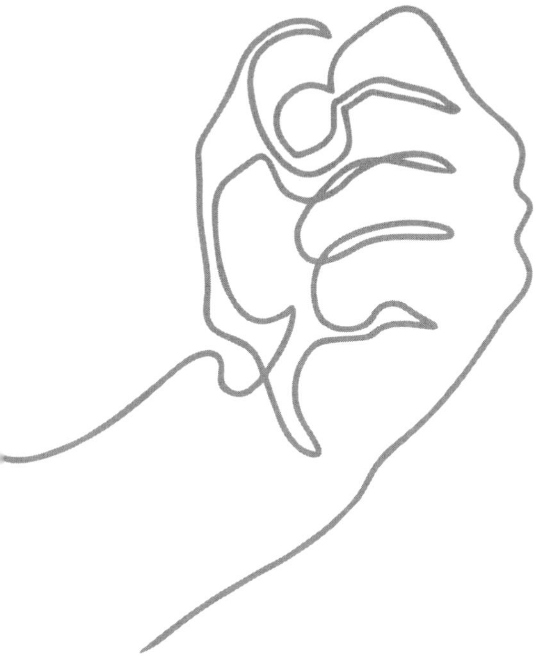

第3章

民粹主義如何形成？

政治問題是很嚴肅的事，不應該只留給政治人物決定。

——漢娜．鄂蘭[8]

我們先回顧一件對德國影響深刻並造成重大改變的事件。當時成千上萬的人跨越邊界進入德國，尋求政治庇護，這些人大部分是躲避家鄉戰爭的男性，從未曾有這麼多人上路尋求德國的保護。

但不是所有德國公民都張開雙臂歡迎他們。尋求庇護人士說不同的語言，吃不同的食物，和德國人有不同的信仰，而且人數越來越多。政治人物警告應該防堵難民潮，走在街上會聽到有人說「在自己的國家變成外國人」，絕不應該讓更多「經濟寄生蟲」向德國申請庇護，也就是那些「只是」因為貧窮而不是因為戰爭而逃離家園的人；參選人貼在燈箱上的海報寫著「停止濫用政治庇護」，有些人害怕難民之中混入想攻擊德國的人，他們可能會越過邊界進入德國。

許多城市和村莊似乎難以招架：這麼多尋求庇護者該怎麼獲得供給？他們要住哪裡？他們要去哪裡上學？完全不懂德文究竟能不能學習？有些政治人物早就懼怕種族遷徙，甚至說至少有五千萬人，絕望和滿懷希望的人，被戰爭和期望推向更好的未來。德國如何度過這波浪潮？幾個月之間，不僅大家的臉色變得凝重，看法和表達也嚴苛起來。終於某一天也付諸行動，先出現放火攻擊的言論，之後難民居處就發生縱火攻擊。

不久之後，語言專家宣布「年度謬詞」，德國人的所有恐懼、政治語言的肅殺之氣就結合在這個謬詞當中，這個年度謬詞叫作「過度異化」。

以為這個詞和二〇一五及二〇一六年難民危機有關的人可就想錯了，這個詞描述的是一九九一／一九九二年之間的德國。所謂的「難民爭議」

8. 漢娜．鄂蘭（Hannah Arendt，一九〇六－一九七五），美籍猶太裔政治學家。引文出自漢娜．鄂蘭所著《黑暗時代群像》（*Men in dark times*）。

至今已經二十五年了，從一九九〇到一九九三年間，來到德國的難民超過一百二十萬人，其中有許多人是來自前南斯拉夫的戰爭難民。在同一段時期，超過一百萬的（後期）外移者[9]回到德國，也就是來自前蘇聯、羅馬尼亞和波蘭的德裔移民。

一九九一年和二〇一五年的相似處告訴我們：民粹主義最容易在危機時期形成。一九九一年，兩德剛統一不久，在這之前的一九九〇年十月三日，柏林圍牆上人群歡呼，布蘭登堡大門前施放煙火的畫面被傳送到全世界。但是狂喜之後卻必然清醒，新加入的聯邦境內企業倒閉，因為這些企業就是沒有足夠的生產力。上萬名僱員失業，當時的總理海爾穆．柯爾（Helmut Kohl）明明承諾德東將有「繁盛的景象」，許多人察覺到的卻是製造業委靡。

一九九一年五月，柯爾總理造訪位在前東德境內的哈勒市（Halle），他知道等著他的是什麼，憤怒的示威者朝他喊叫著「騙子、騙子」，群眾當中飛來一顆雞蛋，砸中他的頭。高大的柯爾有一百九十三公分高，衝向投擲雞蛋的人，他的隨身護衛花了好大的力氣才擋住他毆打丟雞蛋的人。

一年之後，一九九二年，「政治倦怠」成為當年的代表詞，貼切描述當時德國的氣氛，這個詞的意思是民眾覺得再也不被政治人物所了解和代表，因此對政治感到倦怠。這種模式一再出現於民粹主義的歷史當中：隨著危機而來的是政治倦怠，隨著政治倦怠而來的就是一波民粹主義，民粹主義又加重政治倦怠，導致民主危機；這是個惡性循環，民粹主義者則從中獲益。

民粹主義的根源在十九世紀，起於美國中西部的遼闊地區。一八六一

9. 譯註：二十世紀前就有德國人外移至東歐居住，其中許多人移民至俄國。一九六〇年代，德國開放這些移民後裔申請回德國居住，這批人屬於早期移民。二次大戰時，因德國擴張領土，德國人移居歐洲各處，戰後卻未立即回到德國本土，一九九〇年德國才開始制定程序，接納這些「後期外移者」回德國定居。

年到一八六五年的內戰使美國陷入經濟危機，大企業快速復甦的同時，農人卻必須為生存掙扎奮鬥。一八八〇年代末期的嚴重乾旱讓農夫更加陷入絕境，玉米和棉花價格下跌，生產成本卻上升，農夫認為錯在大企業如銀行以及鐵路公司。此外華人移民只要拿一點錢就會上工，結果是薪資被壓低。農人覺得被獨留面對困境，覺得首都裡沒有人在政治上代表他們。

出於抵抗，農人於一八九二年成立「人民黨」（People's Party），也被稱為「民粹黨」（Populist Party），因此使所有後續運動獲得一個名字。民粹黨某些代表人物以排外口號怒斥「蒙古洪水入侵」，指的就是華人移工。但是大部分的民粹黨人認為，政治菁英才是導致他們生活悲慘的罪人，他們的成立宣言中寫著：「千百萬人辛勤的果實被無恥地偷走，好將無數的財富堆在少數人手上。」民粹黨人堅守信念，致力於讓政府加強控制大型企業。四年之後，人民黨的黨員和大黨串聯。

直到三十多年後，美國才又陷入災難性的經濟景況。一九二九年起的世界經濟危機使成千上萬的人失業，路易斯安納州州長休伊．朗（Huey Long）於一九三四年成立「分享財富協會」（Share Our Wealth Society），以因應這時期的悲慘生活，依照他的建議，沒有人允許擁有超過五百萬美元的財產，但每個家庭必須獲得某種基本收入，使人們至少能負擔「一間房子、一輛汽車、一臺收音機和其他使生活舒適的設備」。

休伊．朗的計畫實際上幾乎無法實現，但是他因此成功對法蘭克林．羅斯福總統施壓，因為休伊．朗的論點在美國越來越流行。他承諾也許根本不能達成的事情，但是有其效果。一九三五年，美國參議院通過一條法律，首次規劃失業救濟金和國家退休金。

又過了三十年，喬治．華萊士（George Wallace）登上政治舞臺，這位來自阿拉巴馬州的民粹黨人競選總統，獲得百分之十三點五的選票。華萊士是「種族分離」政策的堅定支持者，一九六三年他親自阻擋兩名想要註冊進入阿拉巴馬大學的黑人。要是按照華萊士的想法，黑人和白人的

「種族分離」政策會永遠維持下去。但這個政策還是被撤銷，在他看來，這是政府變得太過強大的跡象。

華萊士在一九六七年一次訪談當中說：「這個國家裡有個反對『大政府』（big government）的運動，這將會是人民的運動。我相信，如果政治人物想要阻止，他們大部分會被路上的普通人輾壓過去：那些在紡織廠、鋼鐵工廠的人，美髮師、美容師，以及警察。」英文關鍵字「大政府」意指權力太大的政府，直至今日還被當作抗爭用語。

在美國，民主黨人和共和黨人擁有那麼大的權力，於是被稱之為「兩黨系統」，但是有幾次的總統大選，像華萊士這種獨立參選人至少還有一點成績，尤其是當他們以民粹主義者的身分參選，對抗所謂「系統」的時候。

羅斯・佩羅（Ross Perot）也是其中之一。一九九二年三月，他在選戰期間宣示：「我們必須把國家交還給國家的主人。以道地德州話來說：

該是清除垃圾，整理馬槽的時候了。」佩羅所謂的「馬槽」指的就是首都華盛頓，在同一年，百分之十九有選舉權的美國人把票投給他。二〇一七年又重新從唐納．川普口中聽到這些辭彙——整理馬槽，把國家還給主人。

「民粹黨」在十九世紀成立之後，美國一再湧起民粹主義的浪潮，他們的訴求並非完全一致，有的想要加稅，有的想要減稅；有的排外或帶有種族主義色彩，有的沒有這種傾向。他們的共通點是認為「高層」不再代表人民。

在二〇〇八／二〇〇九年經濟危機發生之後，不滿的人組織發起政治運動，其中的右派分子組成「茶黨運動」，這個名稱讓人想到一七七三年波士頓抵抗前殖民勢力的反對運動，新「茶黨運動」的怒氣主要反對較高的稅額以及嚴格的武器法規，簡而言之：反對茶黨眼中任何來自政府從上而下的「命令」。最後從這波民粹主義浪潮獲益的還有唐納．川普：茶黨支持者在二〇一六年選戰中支持川普，川普在選戰中一直都以非政治人物的形象做自我呈現，自我塑造成某個聯合人民一起對抗政府的人，因此不屬於「系統」。

經濟危機不僅讓右派發起抗議行動，在許多國家也令左派起身反抗。在西班牙，年輕人挺身反對不公不義：二〇一一年五月，成千上萬人在首都馬德里示威，他們被稱為憤怒者（Indignados），他們的革命始於一名九十三歲老人的抗議信。示威者的床頭櫃上是一本薄薄的、不到三十頁的書，作者是法國的斯特凡．埃塞爾（Stéphane Hessel），標題是《發怒吧！》。

埃塞爾原本生於柏林，反抗希特勒、身為猶太人的他從大屠殺中倖存下來，之後他參與擬定聯合國人權宣言，終生致力於創造更好的世界。這時他呼籲年輕人發起一場「真正的、和平的起義」，他寫著：「看看你們四周就能發現值得憤怒的課題。」埃塞爾本人幾乎不能被稱為民粹主義者，但是他的文章激起「憤怒者」，他們的示威運動後來凝聚成左派民粹政黨「我們可以黨」。

緊接西班牙「憤怒者」之後，美國年輕人也示威抗議國內的收入不平等。當時根據經濟學家湯瑪斯．皮凱提（Thomas Piketty）和伊曼紐爾．賽斯（Emmanuel Saez）的研究，社會最頂尖百分之一的人擁有超過全美所有收入的五分之一。

在距離紐約股市華爾街不遠的曼哈坦祖科蒂公園裡，抗議者於二〇一一年架起帳篷，在公園裡停留好幾個星期，「占領華爾街運動」（Occupy Wall Street）於是誕生。示威者的口號「我們是那百分之九十九」傳遍全世界，在法蘭克福、雪梨、臺拉維夫以及倫敦，年輕人也在開放的廣場上紮營，他們同樣抗議社會不公以及金融世界的權力。

美國的占領運動後來找到一個頗富影響力的人，能在政治上支持他們的訴求：美國參議員伯尼．桑德斯（Bernie Sanders）。二〇一五年，自稱是社會主義者的桑德斯決定參選總統，將致力於剝奪「億萬富翁階級」的權力。桑德斯表示要藉助一場「革命」，但他強調是一場溫和的革命。在堪薩斯和內布拉斯加州，也就是古老民粹主義者的搖籃，桑德斯贏得民主黨初選，擊敗同黨的希拉蕊．柯林頓。但是希拉蕊在全國獲得較多選票，最後就由她代表民主黨參選總統，對抗唐納．川普，結果敗選。在堪薩斯和內布拉斯加州有許多人並未把票投給左派民粹主義者桑德斯，而是投給右派的民粹主義者川普。於是民粹主義又回到它誕生的地方：美國中西部。

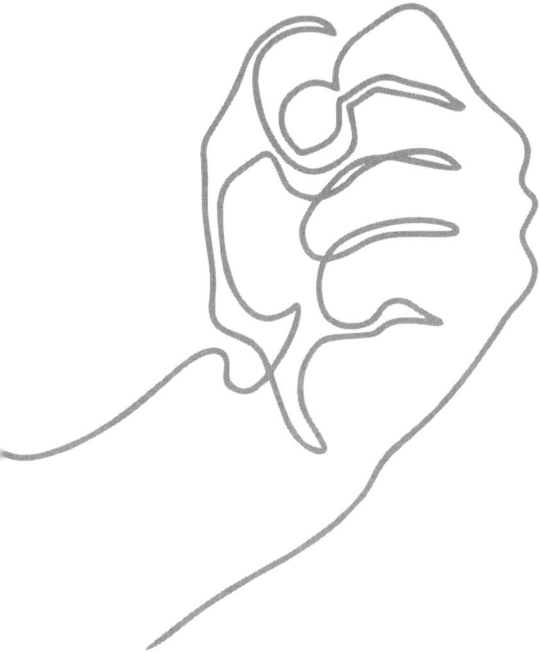

第4章

如何看穿民粹主義者的話術？

有人能被欺騙的時候，謊言才奏效。

——史岱方・馬爾夏[10]

唐納・川普就職演說

二〇一七年一月二十日，勝選兩個半月之後，唐納・川普被任命為美國總統：成為全球最大經濟體的統領，掌管十艘航空母艦、一千八百顆可發射的原子彈頭，以及一支將近一百四十萬名士兵的軍隊。在這個多雲的一月天，上萬的人群聚集在華盛頓「國家廣場」演說臺前。正如前任總統，川普也在擔任總統的第一天發表就職演說，英文稱之為Inaugural Address。

選戰期間，川普斥責墨西哥人、侮辱女性還威脅穆斯林，而是這一切都未能阻止將近六千三百萬的美國人把票投給他。

但是就職演說不再只是要讓支持者歡呼，身為剛被任命的總統，他要以演說試著說服那些沒有把票投給他的人，好比把票投給他的競選對手希拉蕊．柯林頓的人，或是根本沒去投票的人。川普會如何應對這些人？如何應對群集在他身後的前任總統們？故美國總統約翰．甘迺迪在就職演說特別著重自由，川普的前任總統巴拉克．歐巴馬提到希望與責任，川普的演說卻會以民粹主義範例被收入歷史。

中午十二點剛過不久，唐納．約翰．川普，第四十五任美國總統，走向演說臺。

「最高法院主席羅柏茲，卡特總統，柯林頓總統，布希總統，歐巴馬總統，我的美國同胞們，以及全世界的人們，感謝大家。」

10. 史岱方．馬爾夏（Stefan Marschall，一九六八－），德國政治學家。引文出自史岱方．馬爾夏〈「後事實時代」的謊言與政治〉（*Lügen und Politik im "postfaktischen Zeitalter"*）。

川普以傳統問候開場，他感謝所有出席的前美國總統，以及為川普監誓的美國最高法院主席約翰．G．羅柏茲（John G. Roberts），演說到這裡都算正常。

「我們，美國公民們，因為一項重大的國家任務聚集在一起，為了重新建設我們的國家，為我們所有的人民重建希望。

我們將一起決定美國和世界的發展方向許多、許多年，將會有些挑戰和嚴峻的情況，但是我們辦得到。」

重建和希望：這是巴拉克．歐巴馬也提過的定調。美國總統在任期一開始的時候，如果不呼籲懷抱希望，還有什麼可說的？

「我們每四年為了有序而和平的權力交接一起踏上這些階梯，我們感謝歐巴馬總統和第一夫人蜜雪兒．歐巴馬在這段過渡時期的友善協助，他們太棒了，謝謝。」

說完這幾段話之後，禮節隨之結束，川普切換到民粹主義模式。

「但今天的典禮有個很特別的意義，因為，今天我們不僅將權力由一個政府交給下一個，也不只由一個政黨交給另一個，我們還把權力從華盛頓特區拿走，交還給你們，交還給人民。」

川普此刻間接宣稱的是：統治美國至今的是個獨裁政權。民粹主義者宣稱政治人物不代表人民，只代表自己的利益；選民不再統治國家，而是由腐敗和貪圖享樂的菁英們治國。但是這些菁英乃是經民主程序選出來的，也就是經過人民自由、公平、不記名的推舉，這些對川普而言都無關緊要。

川普的演說明顯運用本書〈從何分辨民粹主義者〉一章所列出的方式。他符合民粹主義特徵的第五項：輕視其他政治人物。

「一小群人在我們國家的首都從政府獲利已經太久，卻由人民付出代價；華盛頓繁榮，人民卻未曾享受這份財富。」

川普所謂的「一小群人」是誰？「華盛頓繁榮」——他指的絕非這個

城市本身，華盛頓幾十年來的犯罪率都很高。川普所謂的「華盛頓」是那些荷包滿滿的政治人物。民粹主義者特徵第二條：將世界分成「我們」和「其他那些人」。

「政治人物過得好，但是工作機會外移，工廠倒閉。既得利益者保護自己而非我們國家的人民。他們的勝利不是你們的勝利，他們得意不是你們得意。這些人在我們國家首都慶祝的時候，我們全國活在生存極小值邊緣的家庭卻沒有什麼可慶祝的。」

川普是個億萬富翁，以豪華旅館、豪華休閒設施和真人秀《誰是接班人》賺進大把的錢，這時卻反過來譴責這些慶祝活動。「既得利益者」這個說法是典型的模糊名詞，就像專為川普定做，好讓他用來揮舞的民粹主義棍棒。政治人物就一定是「既得利益者」，一定是權力菁英嗎？只有聯邦政治人物，還是地方政治人物也算呢？還是按照某種收入標準劃分？

根本沒有理性的定義，因為「既得利益者」就是個戰鬥辭彙，只要情況合適就使用。這個辭彙也很常適合民粹主義者使用，正如從川普的演說所見。歷來被任命的美國總統從未有比川普更富有的，換句話說：川普麾下的「既得利益者」是歷來最多的。

「一切從此地此刻都改變了，因為這一刻是你們的時刻，這個時刻屬於你們，屬於所有今天聚集在這裡的人，以及全美正在觀看的人。今天是你們的日子，這是你們的慶典，美利堅合眾國是你們的國家。

真正關鍵的不是哪個政黨領導我們的政府，而是我們的政府是否由人民領導。二〇一七年一月二十日將以人民重新成為國家統治者的一天被永遠記憶。我們國家被遺忘的男男女女將不再被遺忘，所有的人現在都傾聽著你們，你們上百萬的人來到這裡，好成為歷史運動的一部分，世界前所未見的運動。」

人民「重新成為這個國家的統治者」——反過來意謂著：人民直到目前從未統治過國家——又是個獨裁譬喻。民粹主義者特徵第四條：民粹主義者自視為解放者和救世主。

「這個運動的核心是個堅定信念，深信國家是為了服務人民而存在。美國人想要為孩子建造很棒的學校，為家庭建立安全的住宅區，為自己爭取好工作。這是正直的人和正直的公眾提出的合理及理性要求。」

他把政治人物形容成腐敗、歌舞喧譁和迷戀權勢的人，人民則是高貴善良。不過人一旦成為政治人物，顯然就會異變成擬人化的邪惡——又是個典型的民粹主義者特徵。

「但是我們太多的公民活在另一種現實當中，被困在我們城市問題區域的貧窮母親和孩子；生鏽的工廠像墓碑一樣散落在我國地景上；擁有足夠資金的教育系統卻剝奪我們年輕、美麗學生的知識；偷走太多生命的罪犯、幫派和毒品，奪走我們國家那麼多未實現的潛能。美國大屠殺在此處與此刻結束。」

川普以嚴厲措詞形容美國的景況，但是最強烈的字眼出現在段落結尾：「大屠殺」。從這一刻起，川普一再運用一些軍事用語。民粹主義者特徵第七條：挑釁和激起情緒；民粹主義者特徵第三條：激起恐懼。

「我們是一個國家，你們的痛苦就是我們的痛苦，你們的夢想就是我們的夢想，你們的成就是我們的成就，我們共享一顆心，一個家鄉，以及光榮的命運。我今天許下的就職誓詞是對所有美國人的忠誠宣誓。

幾十年來，我們以美國製造業為成本讓外國企業變得更富裕；經援其他國家的軍隊，我們自己的軍隊卻得挨餓；我們防禦其他國家的邊界，卻拒絕防禦自己的邊界。

我們在國外花費無數美金，美國的基礎建設卻破落；我們讓其他國家富裕起來，我們自己國家的財富、優點和自信卻消融於無形。

工廠一家接一家關閉，離開這個國家，完全沒有考慮到無數被拋棄的美國工人，我們中產階級的財富被他們奪走，被分散到世界各處。

但是這一切已成過去，現在讓我們只展望未來。」

川普把三分之一的就職演說用來把美國描寫成荒涼的地方，幾乎像個末日地帶。

「我們今日聚集在此乃是為了宣布新的命令，每個城市、每個外國首都和權力中心的人都要傾聽。從今天開始，將由新的願景統治我們的國家，從今天開始只會先提到美國，美國優先。」

「美國優先」是倒轉全球化的嘗試，對世界的簡化觀點，只看到來自日本的電玩、印尼製造的衣服和紐西蘭進口的蘋果。民粹主義者反對國際大企業集團的力量，因為這些集團把生產製造轉移到低工資國家，而民粹主義者的對抗方式是進一步阻斷經濟，不只是「美國優先」，從歐洲右派民粹主義者口中也可以聽到「法國優先」、「奧地利優先」和「德國優先」，而這正是民粹主義者特徵的第一條——過度簡化複雜的問題。

「任何有關貿易、賦稅、移民及外交決定都要有利於美國工人和家庭。我們必須堅守國界以防範其他國家造成的毀滅，他們生產我們的產品，盜取我們的企業，破壞我們的就業機會。」

「毀滅」是另一個從戰爭時期挖出來的戲劇性辭彙。「保護措施將帶來富裕和優勢。我將以每一口氣為你們戰鬥，我永遠不讓你們陷入困境。美國會重新開始獲勝，比從前取得更多勝利。」

「以每一口氣為你們戰鬥」：這是士兵在戰鬥前所說的話，這時卻由美國新任總統口中說出。接下來川普開始描述他的偉大願景。

「我們將取回我們的工作機會，我們將奪回邊界，我們將拿回我們的財富，我們將帶回我們的夢想。

我們將建設新的街道、高速公路、橋樑、機場、隧道以及穿越我們美好國家的鐵道。我們會讓人們脫離社會救助，重新找到工作，以美國人手和美國工作重建我們的國家。我們將依照兩個簡單的原則，購買美國產品，雇用美國人。

我們會致力和世界各國維持友誼，表達善意，但是我們同時也認知到，以自身利益為優先是所有國家的權利。我們並不強求其他人接受我們的生活方式，而是當作模範，發出光芒。我們將發光，讓所有的人追隨我們。

我們會強化所有同盟，締結新的聯盟，讓文明世界統一起來，對抗想將我們從地表剷除的極端伊斯蘭恐怖主義。」

「從地表剷除」：又是戰爭語彙，即使是對美國的正面未來想像，川普也要用一回。

「我們的政治基礎將是對美利堅合眾國的絕對忠誠，以我們對國家的忠誠，我們將重新發現對彼此的忠誠。如果你們對愛國主義敞開心胸，就再也不會產生偏見。

聖經教導我們，神的子民共同生活是如此良善且愉快。我們必須公開說出我們的想法，公開討論歧見，但總是尋求團結。如果美國上下一心，必然勢不可擋。

沒有恐懼，我們受到保護，也將永遠受到保護，我們會被我們的軍隊和安全部隊偉大的男女士兵所保護。最重要的，我們將受到神的保護。

最後我們必須宏偉思考，擁有更偉大的夢想。在美國，我們知道一個國家有所追求才能維持長久的活力，我們不再接受只有空言沒有行動，不斷抱怨卻不思反制的政客。

空言的時代已經過去，現在是行動的時刻。」

「空言」——最後再倒打前川普時代的「老舊民主」一耙。民主向來意謂多說，民主意謂找出妥協之道，努力在漫長時日中交涉出結果。川普所描繪的新型民主卻是總統命令的「民主」，終究會被執行的「民主」。

「不容許任何人告訴你們辦不到，沒有任何挑戰足以和美國人的心靈、戰鬥意志和精神匹敵。我們不會失敗，我們的國家會再度繁榮擴張。

我們即將跨入新的千年，解開宇宙的奧祕，將世界從苦難與疾病當中解放出來，運用明日的能源、產業和科技。新的國家驕傲將促使我們行動，讓我們的眼光直視前方，闔起我們的墳墓。

記起古老智慧的時間到了，我們的士兵未曾或忘，不管我們的膚色是黑色、棕色或白色，我們的血管裡流的都是同樣的愛國者鮮紅的血。

我們所有的人都同享充滿榮耀的自由，我們每個人都向同一面偉大的美國國旗致敬。不管是出生在底特律城郊，還是在內布拉斯加強風吹拂的平原上，這些孩子們都望著同一個夜空，他們內心有同樣的夢想，充滿同一個全能的造物主吹來的生命微風。

每個城市的所有美國人，不管遠近、不論大小，穿山越嶺，五湖四海，都聽到這些話，你們將不再被忽視。」

「穿山越嶺，五湖四海」，川普說得像個傳道者。他傳達的福音就是：「你們將不再被忽視。」就像許多民粹主義者，他想鼓動的是情緒而非理智。川普的發言確實朝向所有美國人，包括那些沒把票投給他的人。晦暗的描述之後，他又重拾安撫的語氣，他最後幾段發言要重新燃起大眾的希望。

「你們的聲音、你們的希望和夢想將決定我們美國的命運，你們的勇氣、美德和愛將永遠引領我們前進。

團結一致，我們將使美國再度強大，我們將使美國再度富裕，我們將使美國再度感到驕傲，我們將再度確保美國的安全。是的，團結一致，我們將使美國再度偉大。

謝謝，上帝保佑你們。上帝保佑美國，謝謝。上帝保佑美國。」

致謝，結束詞和賜福。此刻，全世界最有權力的人是個民粹主義者。

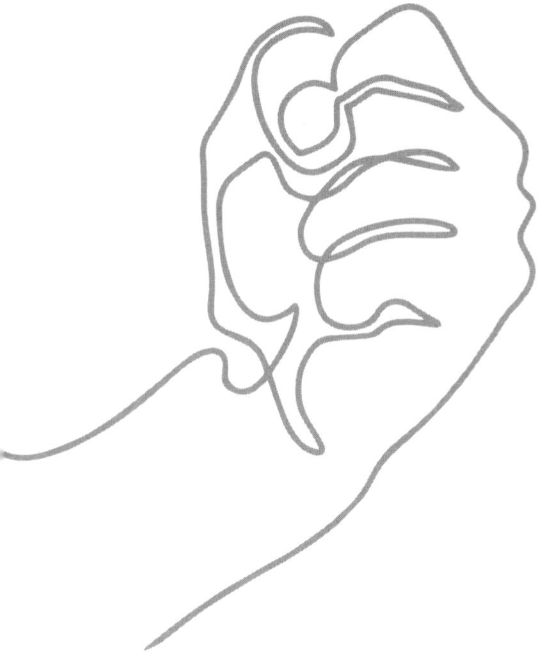

第5章

誰把票投給民粹主義者？為什麼？

今日此時是我們十年內會渴望回歸的美好古老時期。

——彼得．烏斯蒂諾夫爵士[11]

今日世界變得比過去任何時代都複雜。在全球化的世界裡不僅進、出口手機、香蕉和汽車，也流通各種弊端，二〇〇八／二〇〇九年的世界經濟危機就是個好例子：許多美國人為自己的房子負債，結果間接導致德國許多銀行破產。這之間的複雜關聯讓政治人物的工作輕鬆不得——選民也不好過。

這些時機之下的政治人物顯得無力，但他們卻是被推選出來以期掌握權力的人。政治應該塑造局勢而非被塑造，一旦選民察覺政治只能被動反應，卻無能主動出擊，對政治的不信任就油然而生。有些人再也不了解或者不想了解究竟何謂「世界」，只想尋找簡單的解決辦法和代罪羔羊，民粹主義者就把這種心態運用在他們的政黨經營模式當中。

德國另類選擇黨的過去就是個好例子：二〇一五年六月，這個成立不久的政黨陷入重大危機，許多徵兆顯示這個政黨會像流行音樂界的一曲歌王，轉眼間就沒落。歐元危機[12]曾將該黨一舉推向顛峰，日常政治漩渦這時又把它往下拉。黨內溫和派和右翼人士當時為正確的政黨走向爭辯不休，原本的黨主席最後失勢，整整百分之二十的黨員隨之退黨。在漢堡和布萊梅的選舉當中，該黨僅勉強進入邦議會。他們該如何挺過這個危機？

不過兩個月，該黨的振作方式就明確起來。二〇一五年九月，德國聯

11. 彼得．烏斯蒂諾夫爵士（Sir Peter Ustinov，一九二一—二〇〇四），英國演員及幽默大師。引文這段話常被認定出自烏斯蒂諾夫之口，好比在丹尼爾．雷諦希（Daniel Rettig）所著《古早的美好時光，為何懷舊讓我們感到幸福》（*Die guten alten Zeiten. Warum Nostalgie uns glücklich macht*）一書第九十頁。

12. 譯註：發生於二〇一〇年，主要是國家債務、銀行危機及經濟危機三個面向，雖稱之為「歐元危機」，當時歐元對其他外幣匯率其實維持穩定，並未陷於危機之中。

邦政府和奧地利政府達成協議，讓匈牙利難民經過奧地利入境德國。接下來的數個星期，每天上百乃至於成千的難民越過德、奧邊境，有些難民甚至在慕尼黑中央車站受到鼓掌歡迎，足球場上的球迷高舉「歡迎難民」的巨大布條。

並非每個人都分享當時的熱切，好比國安機關的人員就批評，許多難民的身分在邊界未經查驗，沒有人確實知道究竟是誰越過邊界，就連正確的難民數字也長時間不明。

二〇一五／二〇一六年跨年夜，發生在科隆的襲擊案降低許多人對政治的信賴。當時幾百個人在中央車站前慶祝跨年——至少起初看起來是這樣。「歡樂的氣氛，慶祝非常平和」，科隆警方在新年當天早晨發布這樣的消息，但是中午前後，《科隆城市報》（*Kölner Stadt-Anzeiger*）接到一位女性的電話，她提及跨年夜發生多起攻擊事件。報社加以查證，但是警方表示一無所知。

當天下午還有一篇標題為「跨年夜的性騷擾——許多女性在科隆中央車站受到嚴重侵犯」的文章被貼上網路。記者越長時間查證，事件就越清晰：警方一開始就隱瞞犯罪行為的規模。多日以後水落石出，大部分嫌疑犯是尋求庇護的難民，對某些警方人員而言，公開說明此一事實顯然相當棘手。總結跨年夜的事件：因涉及性犯罪而進行的調查有數百件，其中幾十件是意圖或實際性侵，科隆市的警察局長最後必須去職。

二〇一六年六月，一名難民在伍爾茲堡（Würzburg）的區域火車上攻擊多名乘客；幾天之後，一名敘利亞難民在拜昂邦的小城安斯巴赫（Ansbach）發動自殺攻擊，但是內政部長湯瑪斯・德梅齊埃（Thomas de Maiziere）在二〇一五年十月還說，根據國安機關的看法，難民之內並無恐怖分子。就算當時所知是如此，許多人卻覺得，事後看起來就像內政部長或是主管機關想隱瞞些什麼，因為情況似乎已經失控。二〇一五年以來，進入德國尋求庇護的難民已經超過一百三十萬人，引發許多人疑慮的可不只是這個因素。

在這段期間，民眾對媒體的信任度也下降。有些記者當時並未發揮媒體身為中立觀察者的功能，過度受到激情驅動，因為富裕德國突然能幫助來自戰爭國家的無數貧民而興奮不已。根據艾倫斯巴赫公共輿論研究所（Instituts für Demoskopie Allensbach）於二〇一五年十二月公布的一份問卷，百分之五十一的受訪者並不滿意媒體對難民的報導方式。

奧托・布倫納基金會（Otto-Brenner-Stiftung）委託進行的一份研究於二〇一七年做出結論，認為德國三大日報在難民危機期間的報導常過度缺乏批判性。研究指出：「直到二〇一五年秋末，幾乎沒有任何報導提及越來越多民眾的憂慮、疑懼和抗拒。」二〇一五年八月和九月，幾乎沒有報導嘗試在「右派極端分子、因政治而不安者以及自覺被排擠的民眾」之間做出區分。許多持疑者因此覺得自己的聲音並未被聽見，其中並非每個人都基於仇外動機而發出議論，許多人只是擔心德國會不堪負荷。

這種情況就像肥沃的土壤，使得許多謠言和假消息應運而生。好比有謠言宣稱，難民一般獲得的生活費用是德國失業者救濟金的三倍；或是臉書上一張被分享超過一萬三千次的照片，照片呈現一群申請庇護者靠在慕尼黑一座教堂牆邊，據稱他們是一群穆斯林，正朝著教堂小解。但事實並非如此，他們是來自東非厄利垂亞（Eritrea）的基督徒，以他們地區常見的隊伍準備進入教堂。

民粹主義者利用這種猜疑心，並且加以強化。例如他們宣稱，媒體根本沒有發出批判的聲音。這種說法卻絕非事實：就算是上述研究中提及的日報記者也曾表達質疑的看法。電視節目《當日主題》（*Tagesthemen*）和《時代週報》（*Die Zeit*）都早就報導過處理難民的相關議題。德國真的能容納這麼多尋求庇護者嗎？如果敘利亞的戰爭結束以後會怎樣？申請庇護者此刻就已經和接受失業救濟者爭奪居住空間了嗎？在這麼短的時間內接收這麼多難民究竟是否正確？這些問題都被媒體提出，他們也提出答案，而且答案並非一律樂觀。

二〇一五年十月底，佛莎社會研究與統計分析研究所（Forsa Gesellschaft für Sozialforschung und statistische Analysen mbH）為《明星雜誌》（*Stern*）進行一份問卷調查，詢問受訪者是否同意下列說法：「梅克爾招來的難民想掠奪我們的社會，強暴我們的妻女，摧毀我們的住宅，卻不會因此受到懲罰。」當時只有百分之二的德國人完全認同這個說法，百分之二傾向接受這個說法，德國另類選擇黨的支持者當中卻有百分之三十四表示部分或完全贊同這個說法。

接下來幾個月，大眾卻越來越傾向認同問卷上的說法。德國另類選擇黨開始再度迎向成功，該黨後來的主要候選人亞歷山大・高蘭在二〇一五年十二月的時候就說，難民危機對他們的政黨而言是份大禮。難民危機持續越久，德國另類選擇黨的民調支持度就越高。二〇一五年五月，該黨在布萊梅只獲得百分之五點五的選票；二〇一六年三月，該黨在薩克森安哈特邦的選舉就贏得百分之二十四點五的選票——該黨至今最佳紀錄。

那麼是誰把票投給德國另類選擇黨？

根據研究，德國民粹主義政黨的選民通常學歷只有低等到中等，常見男性多於女性，覺得其他政黨及其議員、民意代表不再代表他們的意見：根據趨勢及選舉研究協會（Infratest dimap Gesellschaft für Trend- und Wahlforschung mbH）的問卷，針對聯邦議會選舉，百分之六十的德國另類選擇黨選民表示，他們乃是出於失望而把票投給該黨，其中有許多人之前已經很久沒有投票。

二〇一七年八月，百分之七十二的德國另類選擇黨支持者贊同下列說法：「政治為了像我這類人所做的比其他公民族群少。」民粹主義者選民覺得自己受到不公平對待。他們尋求安全感、庇護感，尤其是過去似乎曾經擁有的安全感。多種形態的婚姻、女性主義、沒有邊境管制的歐洲，對一些人而言，這一切在過去幾年發生得太快。根據社會學家霍格・連費德

（Holger Lengfeld）的看法，民粹主義政黨的選民並不那麼覺得經濟受限，而是文化受挫：他人眼中的進步，是他們眼中的錯誤道路。

在他們眼中，他們所知的生活世界已經不復存在。他們有種家鄉「不再是家鄉」的感覺，如記者黑利貝爾特．普蘭特（Heribert Prantl）所說：街角的麵包店只能歇業，但城裡的體育館一下子住進難民。對他們而言世界變了，以他們或許不能理解也不覺得好的方式改變，使他們產生恐懼。民粹主義政黨的選民不僅比較不滿，也明顯比其他民眾更憂心忡忡，例如他們擔心老來無法依靠老人年金生活。他們比較憂心的是被伊斯蘭教徒帶進國內的恐怖暴力。

人一旦憂心，就轉身尋求過往讓他們感到安心的事物。以上述情況而言就是傳統家庭（父親、母親、孩子），以及民族國家，有自己的邊境和貨幣。

人的恐懼高峰表現在好比他如何和陌生人來往：敞開心胸還是迴避？比起其他人，把票投給民粹主義者的選民面對移民明顯地比較猜疑。移入者在兩方面使他們感到憂心：第一，外國人私底下有另一種家庭生活，有不同的習俗；第二，他們之中有許多人乃是穿越開放的邊界入境，民族國家對當地人而言不再能「防禦」外人。

對陌生人的偏見最容易在彼此不了解的地區擴散。選區的外國人越少，越多人傾向在二〇一七年的聯邦議院大選投票給德國另類選擇黨。德國所有穆斯林有百分之九十八住在德國西部和柏林西半邊，德東各邦只有百分之二的穆斯林，德國另類選擇黨卻在這裡獲得比其他地方更多的選票。

民粹主義政黨支持者還有一點和其他政黨支持者相當不同。針對下列問題，哪些群體是「我們」的一部分，百分之八十的德國另類選擇黨支持者回答：難民不算。回答同一個答案的其他政黨支持者明顯少很多，綠黨支持者只有百分之十四做出同樣回答，自由民主黨（ＦＤＰ）有相同說法的支持者達百分之二十五。這些數據來自德國《時代週報》委託波昂運用社會科學研究中心（Institut für angewandte Sozialwissenschaft，簡稱

infas）所做的調查。

擔憂的選民，「憂心的公民」於是和一直都存在的極端分子為伍。美國的川普受到極右派分子支持，希臘由政黨聯合執政，其中包括極左派分子。

德國的極端言論主要因為德勒斯登的「週一示威」而廣為人知，這個運動也被稱為PEGIDA，這個縮寫代表「反西方伊斯蘭化的愛國歐洲人」，每週一晚上六點半，幾百個到上千人聚集在德勒斯登森柏歌劇院（Semperoper）前的廣場。PEGIDA的內涵接近德國另類選擇黨的主張，德國另類選擇黨政治人物多次在PEGIDA的集會上發言。哥廷根民主研究中心（Göttinger Institut für Demokratieforschung）在二〇一五年十一月的一份研究當中詢問，PEGIDA示威者會把票投給誰，整整百分之八十的示威者表示：投給德國另類選擇黨。

這一系列的示威最初由路茲・巴赫曼（Lutz Bachmann）發起，他曾多次因犯罪被判刑，如今巴赫曼偏偏喜歡說起犯罪外國人，他在臉書發文，指稱尋求庇護的難民是「畜生」和「髒東西」等等，於是因為煽動民族仇恨被判支付高額罰款。

有兩支堪稱範例的影片，可從中看出民粹主義如何侵入這些人的思想，影片呈現訊息不足如何轉化成憤怒，直到某一天這份怒氣令人盲目。

第一支影片裡有個滿頭灰髮的女性，她站在德勒斯登市中心的新市場上，因為憤怒喘著大氣怒罵著，不停地說話。她覺得自己被誤解，被輕視。「我氣得發抖！」她說。她對政治非常憤怒，包括她所在城市的政治。她針對市長希柏特說：「反正他對我而言根本不是德勒斯登人，不是薩克森人。他在這裡究竟想要什麼！」但是要知道，希柏特一九七一年出生在德勒斯登，是個徹頭徹尾的薩克森人。

這位女士只是接收錯誤訊息嗎？她誤信謠言嗎？影片背景有個人大聲地說希柏特是道地德勒斯登人，「土生土長的德勒斯登人，」她回應：「但他曾離開這裡。這裡破落的時候他就跑了。」希柏特的確從一九九八年到二〇〇〇年在科隆工作，當時德勒斯登並不特別「破落」。因此這個女性要不弄錯了，要不就是她認為，德勒斯登市長永遠不許住在其他地方。

第二支影片，同一個地點。同樣是在德勒斯登新市場的訪問，又是某個憤怒的人。「他是個西法倫人[13]！」稍微有點年紀的男性發表他對希柏特的看法，「他專程跑到這裡來當市長。他根本沒資格當市長，他根本不是德勒斯登人！」又是同樣的論點：只有德勒斯登人才許當市長。

這當然只是兩個例子，但是又呈現已知的模式：「我們」對抗「那些外人」。我們是人民，對抗那些高坐殿堂的人。我們，家鄉人，對抗外來人。在上述例子甚至可說：我們德勒斯登人對抗非德勒斯登人，不管是否屬實。屬於「我們」的圈子顯然變得相當小，對上述兩個受訪人而言，德勒斯登人一旦曾經離開這個城市，顯然就不算是「真正的」德勒斯登人。德國其他城市的人卻沒有這麼嚴格的區分：慕尼黑市長根本不是在地的慕尼黑人，法蘭克福的市長不在法蘭克福出生，萊比錫市長也不是萊比錫出身。

片中的男性和女性顯然有一致的感覺，覺得家鄉不再屬於他們。唐納·川普也對選民訴求這種家鄉情感，「讓美國再次偉大」（Make America Great Again，縮寫MAGA），他說著這句口號就職。讓美國再次偉大——這句話大概是什麼意思？許多人問美國何時曾經偉大，川普在一次訪問中被問到，他希望哪個時代的美國回歸？川普回答，如果涉及貿易和軍事力量，那麼是一九四〇和一九五〇年代。

他和他的選民有相同信念，百分之七十的川普支持者覺得生活變差了！相反地，希拉蕊·柯林頓的粉絲對未來抱持樂觀：百分之七十的希拉蕊支持者覺得美國的情況改善了。

美國的這些數據也可以做另一種解讀。大部分白種美國人說，一九五〇年以來社會變差了；大部分的黑人和西班牙裔、拉丁美洲或西班牙裔美

13. 譯註：科隆所在的聯邦。

國人的看法則完全相反：他們認為社會從一九五〇年代開始越變越好。

這一點都不奇怪：大部分的黑人回顧那段時間就想到種族隔離，那是美國歷史最令人心酸的一章。非裔美國人那時被當作次等人看待，想投票的人必須先通過羞辱的識字和知識測驗；種族隔離的餐廳、大學和巴士座位，就連電梯都按照膚色分開搭乘。

對少數族裔而言，過去幾十年的發展就是種進步，許多白人認為這是退步。有些人想回到一九五〇年，有些人寧可往二〇五〇年思考。

有些川普支持者認為過去幾十年的美國政府政策奪走他們些什麼，並且轉交給其他人。川普在某種程度上承諾他們倒轉時間，因此他就職演說的措詞乃是經聰明選擇：「我們拿走華盛頓特區的權力，把這個權力交還給你們，還給人民。」只是其中有個邏輯錯誤：過去幾十年來，一直都是由選民選出政府，也就是人民賦予政治人物權力——正如美國憲法所規定。

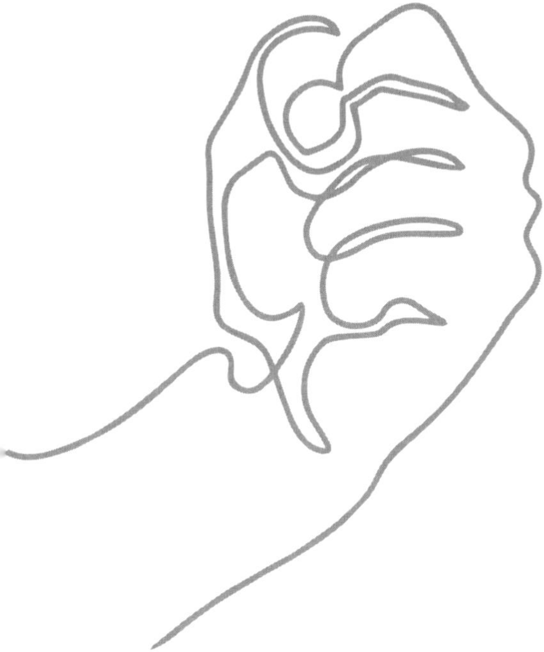

第6章

為何公投不必然是最佳選擇？

人民放棄信賴政府，解散政府，另外選一個政府，這樣不是比較簡單嗎？

——貝爾托特．布雷希特[14]

右派民粹主義者把瑞士看作夢想國度，不是歐盟成員國，常見的外國人通常是德國人和義大利人，最重要的是：瑞士經常舉行公投。公投時，瑞士人複決已經完成的法律變更案，變更案事先經國會審查，然後交由公民決定。有個專有名詞叫「直接民主」（Basisdemokratie）。在民粹主義者眼中這是強迫政治人物實踐「貼近民意」政治的最佳方式。

瑞士的制度卻有個缺點——直接民主並不必然形成更民主的社會。舉個例子：在瑞士聯邦層級的選舉，女性直到一九七一年才有投票權，比德國或美國晚上半世紀。因此人民的意見在瑞士有很長、很長一段時間只是一半人民的意見，而且是男性的那一半。

正因為直接民主，瑞士才無法變得更民主。瑞士的一小區域，在阿朋策州因內羅德（Appenzell Innerrhoden），女性甚至到一九九〇年才能參加州選舉，但並非因為所有男性都同意女性參與，不，瑞士最高法院還必須先受理該州的女性提出的告訴，因為該州的男性在這之前公投否決女性的投票權。

在州和地方選舉層面，許多州直到今日還在公開場合舉行公投，選舉時用舉手表示，也就是並非不記名投票。更糟糕的是：在某些情況下甚至沒有計票，而是由選舉主任估計贊成和反對的各有幾票。這種方式同時破壞全球通行的兩大民主原則：第一，全體公民都有投票權，票票等值；第

14. 貝爾托特．布雷希特（Bertolt Brecht，一八九八—一九五六），德國作家。引文出自貝爾托特．布雷希特所著《解決之道》（*Die Lösung*）。

二，選舉必須不記名，投票時不受任何人影響，不論是群體壓力，婚姻配偶、雙親或子女所施加的壓力。

此外，瑞士的全國公投投票率平均低於百分之五十，和全國選舉投票率一樣。相反的，德國投票率從未低於百分之七十點八。

簡而言之，瑞士可想而知不是個好例子。但是這並不影響人們基本上可考慮舉行更多公投，相關正、反面論點都有，有些專家認為公投是種降低「政治倦怠」的好方法。前德國聯邦司法部長海科・馬斯（Heiko Maas）也這麼認為，他一直被德國另類選擇黨支持者強烈敵視，他們卻也要求更多公投。其他人相反地則警告負面結果。

為了何種目的可以舉行公投，從瑞士公投決定禁止宣禮塔可見一斑。二〇〇九年，瑞士人投票決定，從此以後不許在瑞士境內建造這種清真寺尖塔。瑞士人民黨，簡稱ＳＶＰ，張貼相當引人側目的海報：瑞士國旗上突出七座呈現威脅性的黑色宣禮塔，海報喚起人們一種印象，瑞士要是再不立法，很快就會到處聳立宣禮塔。

瑞士喜劇雙人組賈寇波／穆勒（Giacobbo/Müller）當時仔細研究了一下，瑞士究竟有多少宣禮塔——整整四座。其中最高的有二十二公尺高，最低的一座安裝在某個屋頂上，高約三點五公尺。整個瑞士的宣禮塔少於瑞士人民黨在選舉海報上象徵性呈現的數量。

瑞士民粹主義者成功地讓宗教建築的一部分顯得具備威脅性，他們在奧地利的民粹主義同志奧地利自由黨因此相當興奮，非常喜歡這張選舉海報的製作方式，後來就沿用其設計。澳洲民粹主義者也為了自身的目的模仿這張海報。

不僅瑞士喜劇演員取笑民粹主義者這種製造恐慌的手法，德國說唱藝術家尼科．塞姆斯羅特（Nico Semsrott）也拿他們開玩笑。在一場諷刺的「今日秀」（heute-show）演出時，他指出開明的人和（民粹）狂熱者的不同觀點，塞姆斯羅特說：「人由不同的特質組合而成，好比經驗、宗教、政治態度、心理健康、社會環境以及國籍；當然，人有許多面向。然後來了個狂熱分子說：不，那是個穆斯林。」穆斯林的身分顯然足以推論出一個人的性格特質。

瑞士的宣禮塔公投雖然引起全球側目，在政治上的重要性卻比不上英國人在二〇一六年六月舉行的公投，當時英國人要決定是否脫離歐盟，還是留在歐盟當個成員國。「脫離」和「留下」是當時辯論的關鍵字。

二〇一六年春天，贊成「脫離」的政治人物開著一輛大紅色的宣傳巴士巡迴全國，一公尺高的字體在巴士上閃耀地突顯一句話：「我們每週送給歐盟三億五千萬英鎊，讓我們寧可支應國家健康系統。」全國各地，從布里斯托到曼徹斯特，貼在牆壁的海報上寫著：「讓我們把歐盟每週從我們這裡拿走的三億五千萬英鎊交給國家健康系統。」印著同樣文字的傳單也被發送。

許多媒體很快就拆穿這個數字是謊言。就連英國統計局在投票前都多次警告不要相信上述說法，英國每週支付給歐盟的錢只有上述數字的一半。先不管金額多寡，成員國攤付費用根本無法反映身為歐盟成員享受的好處，雖然這一句主要投票承諾明顯錯誤，根據益普索莫里市場研究公司（Ipsos Mori）的問卷，百分之四十七的英國人相信這句話。贊成脫歐者最後成功了！以居多數的百分之五十一點八九得票率，英國人決定脫離歐盟。

投票之後不久，天空廣播公司（Sky）邀請贊成脫歐的重量級人物之一參加節目，談到票選承諾要將三億五千萬英鎊提供給健康系統的時候，他迴避地說：「我在公投階段從不曾說過這些話。我們確實說過其中很大一部分將投注在健康系統……重點從不是全部金額。」睜眼說瞎話，當時很清楚就是指全部三億五千萬英鎊。脫歐活動組織者後來甚至坦承：沒有這項承諾，脫歐公投一定會落敗。

民粹主義政黨喜歡推動公投，因為他們希望能貫徹其政治訴求，深信自己知道人民的意志。從民粹主義者不只要求公投可清楚看出這一點，他們總是立刻舉出一些經由公投而實現的期望結果。德國另類選擇黨的黨綱裡寫著：「尤其要防止未經公民（投票）同意就把國家主權交給歐盟及其他國際組織。」

法國和荷蘭確實經過公投反對制定歐洲憲法，但是西班牙和盧森堡贊成制憲。因此德國公投不一定會達到德國另類選擇黨希望的結果。

公投最大的問題在於其實沒有所謂「人民意志」，同一個人對同一個主題並非永遠抱持相同看法，更別提全體人民。為了盡可能凝聚出人民的政治意見，普遍、自由、平等和不記名投票還是最好的控制方法之一。公投只有「贊成」或「反對」，只有黑或白。但是選舉是為了促進妥協，使眾多不同利益能找出平衡點。

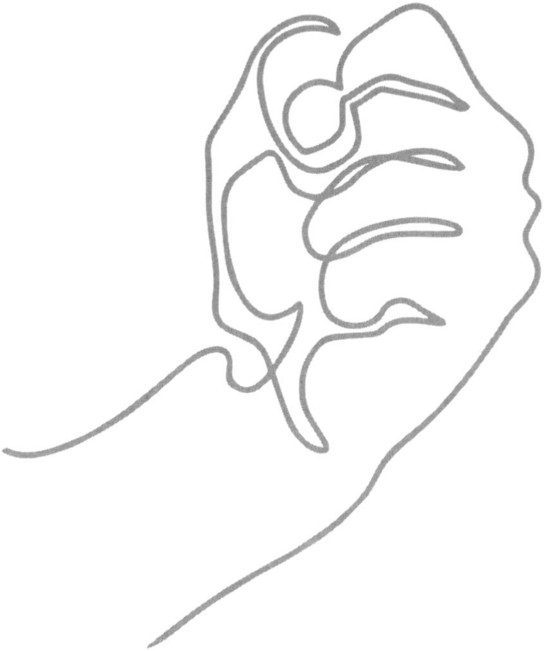

第7章

民粹主義者如何玩弄事實？

忽略事實並不會使事實就此從世界消失。

——阿道斯・赫胥黎[15]

讓我們來做個思想實驗。想像一下，中午的時候，街上有個陌生人過來攀談，陌生人說：「你知道安格拉・梅克爾曾經是東德的邊界士兵嗎？但是沒有人知道，因為眾人不許談論這件事。她幫忙安裝柏林圍牆上的自動射擊裝置。想想看！」那個人可能手上拿著一張照片當佐證。陌生人所說的話一開始難以置信，但是——不可能嗎？梅克爾在東德度過幼年和青少年階段，她那時的年齡相當。柏林圍牆上難道沒有自動射擊裝置？自動對每個朝西方移動的人射擊？

到了晚上你可能和朋友們聚會，也許在酒吧或是在地下室聚會同歡，可能會拿出那張照片，然後說：「喂，你們看，安格拉・梅克爾曾經是邊界士兵！」有些朋友感到震驚，有些則表示懷疑。「可以複製這張照片嗎？」朋友中某人可能這麼問，然後你說：「當然可以。」

聽起來很荒謬？當然，但是這種事每一天在德國發生幾千次，我們的按讚、分享和評論讓整件事持續下去，但我們並不知道誰是這張照片的原創者，不認識寫那些文字的人。審查來源？哎呀，已經分享，來不及了。Sharing is caring，大約就是「分享喜悅創造雙倍喜悅」的意思，這句話可說深植在網際網路的基本法則當中。

因此過去幾年曾上網的人幾乎躲不掉的正是：假新聞（Fake News）。「圖靈根難民吃掉我們的天鵝！」「安格拉・梅克爾曾和布魯塞爾恐攻兇手自拍！」「美國謀殺率達到四十七年來新高！」這些傳言有個共通點：全部都是「假新聞」，它們是徹頭徹尾的假訊息。沒有，難民沒有吃掉我

15. 阿道斯・赫胥黎（Aldous Huxley，一八九四－一九六三），英國作家。引文出自《阿道斯・赫胥黎隨筆全集II》（*Complete Essays, Vol. II*）。

們美好的德國天鵝；沒有，安格拉．梅克爾不曾和布魯塞爾恐攻兇手自拍；不對，恰恰相反，美國謀殺率正處於歷史低點．但是這三種說詞在網路上流傳，被多次分享。

「假新聞」這個名詞來自英語，意指錯誤或造假的新聞。根據佛莎社會研究與統計分析研究所的問卷調查，德國百分之五十九的網路使用者曾看過假新聞。這個名詞在德國還算相當新穎，幾年前才從美國傳到德國。

一般口語當中，假新聞有許多意思。以最無害的形式而言，這個名詞指的不過是錯誤消息，記者如果沒有徹底查證就會發生這種「假新聞」。新聞編輯部通常也信賴科學家或政府機關的說法，但事後卻發現是錯誤訊息。在大部分情況下，這種假新聞都不是刻意捏造，而是出於疏忽。這種報紙消息以前也被稱為「鴨子」[16]。

假新聞也可能是刻意造假的訊息，包括照片剪貼、粗糙扭曲的聲明，或是刻意捏造的統計數字。這兩種假新聞的區別當然並不十分明顯，網路文章如果嚴重扭曲事實——這是刻意造假嗎？或者出於疏忽？何者是素質不佳的媒體，何者根本就是造假，也就是說謊的媒體？比起上述問題——說謊媒體乃是無解——更重要的是如何避免被騙，因為大家應該都會同意，事實比虛假來得好，終究是這樣。

依照最嚴謹定義而言，假消息是種鬥爭用語，是指責媒體本身的用語，可以把它當成德文「謊言媒體」（Lügenpresse）的英文對照詞。特別是唐納．川普經常使用「假新聞」這個說法，從他的就職演說以來，他已經在推特上使用這個詞超過一百次。

此外，美國謀殺率達四十五年（有一次說四十七年）來新高，這個說法也來自川普，他在選戰中多次如此宣稱，當上總統之後也常說。嚴格說

16. 譯註：德文 Ente／法文 canard，語源大約出自十九世紀，當時俗語說「整隻鴨當配菜」或是「賣半隻鴨」，意即只說一半實情，都有欺騙之意。

來，川普的說法當然並非典型假消息，卻根本就是個錯誤的聲明，被多次反駁。但是當川普的說法未經檢視就經過媒體傳到全世界，於是變成：假新聞。

這正是假聲明在政治上意義深遠的關鍵：要是犯罪率真的那麼高，也許應該撥多一點錢給警察，也許應該引進比較嚴厲的懲罰，進行更多預防措施，制定新的法律。但是這句話如果不正確，就可以把錢省下來，這是人民稅金，並且把錢用在其他事務領域，好比教育。

更糟糕的是：唐納．川普把高謀殺率的說法結合他對媒體的指控，說媒體都不報導謀殺率，而且媒體不報導是因為他們不想報導，因此川普不僅散播不實消息，他還指責媒體沒有傳播這個謊言。

有些假新聞荒謬到讓人一眼就看出來，但是這些消息通常並非完全說謊，還有個真實核心，這才使得假新聞如此難以辨識。政治宣傳最有效的組合是混合真相、半真相和謊言。

川普大可以說謀殺率在近四十四年以來上升得比較快速，這個說法會是正確的，但他偏不這麼說，他提到謀殺案受害者數量，而非是這個數量上升的比率。他至少三次散播不真實的說法，有一次是在地區警長集會上。此外，正確的數字都可以從美國聯邦調查局網站查到。

因此看到文章的時候，應該先檢查消息來源（什麼時機說出什麼消息），文章當中的說法是否有良好佐證？不同意見是否細分且個別加以報導？

假新聞散播者料到許多網路使用者不會花工夫查證。根據一項研究，所有推特使用者當中有百分之五十九不曾打開看過他們轉推的鏈結。

但誰有興趣散播假的說法？他們利用誰？

網路媒體 Buzzfeed 曾研究，二〇一二年到二〇一七年間，有關安格拉．梅克爾最常被散播的十大新聞是哪幾條，結果是：十條當中有七條消息是完全錯誤或經過粗糙扭曲。「快報！安格拉．梅克爾宣布辭職！」就是其中一個例子，還有一條的標題是：「梅克爾想盡快賦予難民選舉權」，由《一份報》（www.eine-zeitung.net）發布，在臉書上被分享將近十五萬次，難以想像的高分享數。整個事件的問題在於《一份報》發布的其實是網路譏嘲，可惜許多讀者都沒發現，這篇文章的評論欄有一堆句子如「梅克爾的作為真是可悲……」

但是《一份報》的作者不只想讓讀者笑出來，還想讓讀者順便想想，因此在文章上端用藍色字體寫著一些建議，內容如下：

「為了您好，請您在確實知道自己在做什麼的情況下才分享這篇文章，尤其是在分享前應該仔細閱讀文章，請您注意日期，請您思考，這篇文章裡是否有些句子是政治人物一般不會使用的。請您同時注意本專頁的其他文章，犀利思考文章來源是否嚴謹，是您身為謹慎、具備誠實義務的公民想和朋友、熟人分享的。」

顯然有許多人並未把這個建議放在心上，引人側目的新聞效果特別好。「安格拉・梅克爾搭機出訪義大利」是個無聊的消息，「安格拉・梅克爾辭職！」這個新聞會被點閱，不管是不是真的，每次點閱就帶來收入。

但是也有些數據讓人堅強起來：比起年長的網路使用者，年輕一輩看網路消息帶有較高批判性，這是佛莎社會研究與統計分析研究所的調查結果。十四歲到二十歲的網路使用者當中，百分之六十二的人看到假消息的時候會查證事實，並且注意到其中有些不對勁。超過六十歲的使用者相反地則比較輕信，只有百分之三十的人會查證事實。整體而言，網路使用者越年輕，就越少落入假新聞的陷阱。

但是以上還未完整回答，如何刻意散播假新聞這個問題。網路上的譏嘲專頁以此維生，不用多說。但是他們其實想要人們對這些新聞一笑置之，不要當真。但是誰依靠「惡意」假新聞維生呢？

美國雜誌《連線》（*Wired*）在馬其頓找到答案。在綠色山丘、發達河（Vardar）畔之間有個韋萊斯城（Veles），這裡的瓷器製造業曾經繁盛一時，如今此地雖有嶄新的歌劇院，但四分之一的馬其頓人失業。

所以，如果年輕又失業該怎麼辦？有些韋萊斯的年輕人就想到，用偷來的新聞賺錢。他們從美國網頁抄襲新聞，然後放在自己的網頁上，網址就寫個 USAPolitics.co 等等。年輕人在抄襲來的文章旁邊留個位置放谷歌廣告，網頁上有些文章是正常的消息，有些根本就是捏造的消息。

然後這些馬其頓年輕人就把這個網頁的鏈結貼在好比支持川普的臉書群組裡。要是有人按下鏈結，造訪網站，因為置放廣告很快就獲利頗豐。在一個每月平均薪資只有三百五十歐元的國家，有些假消息網站在同一段時間獲利是小夥子們的十倍，年輕人很快就注意到：訊息只要匪夷所思就好，不一定要是事實，假新聞特別多人點閱，帶來現金。

有個特別成功的假新聞製造者是美籍的保羅．霍納（Paul Horner），他所建立的網頁名稱也讓人想到傳統媒體，好比 cnn.com.de。他在這些網頁上宣稱，舉例而言，川普現身時登場的示威者因其活動而獲得好幾千美元，川普競選經理就落入陷阱，未經查證就散播這個說法。

霍納也在一次訪問中自稱是情報機關前工作人員，他還「拆穿」美國前總統巴拉克．歐巴馬是同性戀，而且是伊斯蘭信徒，這些明顯的虛假消息被川普支持者散播了成千上萬次——在網路時代，很容易就能以謊言羅織成真實。

可惜我們的腦子完全被鎖住，以至於傾向犯下一些思考錯誤，使我們那麼容易受到假新聞的欺騙。例如我們喜歡封鎖不符合我們對世界想像的訊息，樂於接受支持我們想法的訊息，和我們看法相左的訊息就忽略，心理學家稱之為「確認偏誤」（Bestätigungsfehler），這是大腦的把戲，好讓我們的生活愉快一點。誰想要一天到晚不得不改變看法呢？

星座專家就利用這一點，典型的句子是「您今天很幸運！」要是下午剛好在街上撿到五歐元，就覺得星座運勢應驗了；要是早上錯過巴士，大腦就把事件過濾掉，星座運勢依舊正確無誤。

民粹主義者強化人類這種非常符合人性的思考偏誤——不管是在網路

還是現實生活當中，例如德國另類選擇黨黨魁耶爾格・默爾騰就宣稱城市裡只看得到「稀稀落落的德國人」。安格拉・梅克爾在二〇一七年大選之夜特別淡化這個種族主義的句子，她說：「我在街上根本分不出，來往行人是具備移民背景的德國公民，還是尚未擁有德國國籍的人。」

二〇一七年八月，德國另類選擇黨主要候選人愛麗絲・魏德爾偏偏懇請她的聽眾順從確認偏誤。她在演講廳發表演說的時候，有好幾個記者在場，他們描述當時的景象。魏德爾說她每天早晨用手機在谷歌輸入兩個詞：「男人」和「刀子」，然後她呼籲聽眾：「請您也跟著做一次。」她看著手機，讀出搜尋結果：「排隊停車等太久，男性拔刀」還有「難民營區發生流血爭執：一名男性拿刀攻擊當地人」。她舉的例子越多，聽眾就越不安，魏德爾說：「請您看看這張照片：出現的又是男性！這就是梅克爾執政十二年的結果。」梅克爾讓「德國公民面對一群暴民」。

魏德爾讓她的支持者產生一種印象，以為只要讀標題和看圖片就能知道事情全貌。其中的問題在於：不會在媒體上看到「德國人傷害警察」這種標題，因為沒什麼特殊之處，在德國的犯罪者是德國人，這是正常情況。「難民傷害警察」——這種標題相反地會出現在媒體上，因為難民數量遠少於德國人。這是種特殊情況，報導新聞的時候就要強調特殊之處。古老的新聞規則是：「狗咬人」根本不算新聞，「人咬狗」卻很能當作新聞。

所以真的能從標題得知移民犯下較多罪行嗎？不能。可以只從外表看出某人是不是德國籍嗎？不能。要回答這些問題需要統計數字，也就是冰冷、清楚的事實。但是身為民粹主義者，魏德爾不想教育群眾，只想挑起情緒。像她這樣運用媒體的人一點都不會變聰明，只會比較憤怒。

民粹主義支持者說可以看到無數女性裹著頭巾，這也是種典型的「確認偏誤」。就拿慕尼黑這個大都市來計算一下，根據資料，慕尼黑在二〇一五年有百分之六的人口是穆斯林，一半的穆斯林估算是女性，也就是百分之三，其中還必須扣掉小孩子的數據，為了比較方便計算就當作百分之二點五好了。要是慕尼黑所有穆斯林女性都戴頭巾，以計算結果來看，可以在街上向十九個女性說哈囉，之後才會遇上第一個戴頭巾的女性。（當然並非所有穆斯林女性都戴頭巾，只有少數會戴，但是在我們的計算當中太不顯著。）

益普索莫里市場研究公司多次對德國人進行問卷調查，請他們估計穆斯林占德國人口百分比。受訪者錯得很離譜：他們一直都認為大約占百分之二十左右，事實上德國人口當中的穆斯林只有百分之六。

社交媒體如臉書增強人類確認偏誤傾向，這些媒體的設計就是要讓使用者多看到他們感興趣的訊息。特別喜歡嘻哈音樂和籃球的人，一定希望動態上灌進更多籃球影片。政治消息也是一樣的作用機制：一直看到難民犯罪率，就會收到更多類似消息。朋友群主要在動物保護的人，就會經常收到流浪狗訊息。如此一來就形成所謂的「過濾氣泡」，透過這個濾泡，世界顯得很美好，但是最遠只能看到濾泡邊緣，濾泡外發生什麼事，幾乎不會進入濾泡當中。

最糟糕的情況是，總有一天會產生一種印象，以為所有人的想法都和自己一樣。記者芭芭拉・漢斯（Barbara Hans）解釋：「演算法遮掩世界觀點，」就像被溫暖舒適的被子裹著，「裡面相當舒適，長時間下來讓人變得很笨，因為只被早已知道的事情圍繞的人，他們根本什麼都不學，不會改變，只是一再確認自我。」

為了加工擴大這種迴響效應，會運用例如所謂的社交漫遊器（Social Bots），在社交媒體當中，這種漫遊器看起來就像正常的使用者，有照片和追隨者／粉絲或是朋友。但是社交漫遊器乃是由程式操控，例如讓它針對推特的主題標籤「＃川普」自動發送留言、照片或動態圖。如此一來，社交漫遊器欺瞞其他使用者，讓他們以為針對特定主題有特別多正面或負面的看法。溝通研究專家麗莎－瑪麗亞・諾矣德爾特（Lisa-Maria Neudert）解釋：「少數意見透過社交漫遊器被刻意放大，使真實使用者也公開他們的看法。」

臉書群組是心理學家口中特別良好的「回音室」，因為想法接近的人可以在群組裡完全不受干擾地相聚和交流——也可以推廣政治宣傳，散播假新聞。目前也有其他程式自動化管理這類社群，自行發表文章，邀請其他使用者加入群組，分享按讚。

德國聯邦議院大選前幾天，推特上明顯出現特定假新聞行動，可能的目標：降低對德國民主的信賴。社交漫遊器在推特上大量散播「#選舉造假」。幾個月之前，anonymousnuews.ru 網頁上的文章就一再被分享。這些文章宣稱，德國發生系統性選舉造假，雖然不是真的，但是卻在網路上流傳數萬次。

其中詭譎之處：文章指向一份研究報告，雖然這項研究是真的，但是研究結論和網路貼文恰恰相反。但是又有誰會讀完一篇學術論文呢？這種情況下，有幾項要素共同作用：假新聞（完全被錯誤詮釋的研究）和社交漫遊器（推特上為了左右所謂趨勢主題，亦即當天最重要的話題）。

前政治人物瑪琳娜・魏斯班德（Marina Weisband）是心理學家，曾經如下描述假新聞的邏輯：「如果我告訴你們『天空是綠色的』，那麼我的目的根本不是讓你們瞬間相信我，而是我一再聲稱天空是綠色，直到你們用來反駁的論點用盡、讓步，然後說：『這是您的看法，我認為天空是藍色。看來是無法客觀確定天空的顏色了。』」於是一切變成只不過是觀點問題。

民粹主義者為那些覺得其他黨派不代表自己的人民玩弄政治，其中包括陰謀論者，導致民粹主義黨派通常抱持極端偏頗的立場。不僅為了拉攏這些選民，不過拉攏選民也是目的之一。

陰謀論者認為，我們面前被呈現為真實的事情，不可能真的如此；反之，他們找出替代說法，這些說法有時甚至顯得關鍵，只不過這些說法並沒有事實基礎，例如有人以為登陸月球其實是在好萊塢拍攝的。

陰謀論者的存在並非嶄新的現象，但是如今他們比較容易找到交換意見的平臺。還沒有網際網路的時候，每個村子、每個小城都有幾個陰謀論者，他們很難甚至不可能找到志同道合的人。如今各個陰謀論者都能建立臉書群組、聯合起來，只要想做就能組成陰謀論者小聚落，他們可以在其中散播任何他們想散播的看法，沒有人會把他們當成瘋子。

為了誘惑這些陰謀論者，民粹主義者也不那麼認真看待事實。德國另類選擇黨的前任黨魁佛勞珂·佩特里擁有化學博士學位，因此知道如何科學性地工作，如何研究，知道何謂科學知識。但是佩特里代表一個認定人為氣候變化「未經科學證實」的政黨。

二〇一三年有份研究，查證過去二十年針對氣候的一千兩百份研究報告，結果：所有科學家當中的百分之九十七深信，人類對氣候造成重大影響。跨政府氣候變化委員會（Intergovernmental Panel on Climate Change，縮寫ＩＰＣＣ）也認為這個論點「非常可能」，也就是百分之九十五到百分之百確定，主要是廢氣如丙烷和一氧化碳造成溫度上升，這是氣候研究裡再確定不過的事情。

在一次訪談當中，針對上述那百分之九十七的科學家，佛勞珂・佩特里說：「是的，大多數（研究）人員這麼說。但是如果知道基礎研究如何進行，補助計畫如何提供研究經費，可惜科學難免依賴政治。要是我們知道，所謂的跨政府氣候變化委員會是個政治機構，承認我們目前所有的模式都是以假設為根據……那麼就有許多問題還懸而未決。」訪問者接著問：「那麼你認為政治的任務是什麼？」佩特里回答：「教育人們，最廣義的啟蒙。」於是問題來了，如果她對科學一律強烈抱持懷疑，那麼她用來判斷的知識從何取得？

佛勞珂・佩特里和她的前政黨在懷疑的路上並不孤單，美國總統也非難科學事實。舉出幾項唐納・川普在過去五年對氣候變化的看法：「屁話」、「沒這回事」、「昂貴的騙局」、「胡說八道」以及「虛構」。最精采的是他二〇一二年十一月在推特上說：「氣候變化的說法是中國人為中國人發明的，好讓美國製造業落入競爭弱勢。」他後來說這句話只是開玩笑，但直到目前為止，只有少數人覺得好笑。

丹吉爾群島（Tangier）是川普對待氣候變化的最佳範例。這個群島和美國東海岸還有華盛頓白宮之間的距離只有不到兩百三十公里，一旦牽扯到氣候變遷，兩岸就被好幾個世界分隔開來。在唐納・川普腦子裡，氣候變遷顯然並未發生，但是丹吉爾群島上發生了，根據二〇一五年的一項研究，這些小島將在接下來幾十年內沉沒，因為海平面不斷升高。發表研究的作者並非武裝的川普反對者，他的研究也接受美國軍方補助。

二〇一七年六月，唐納・川普聽聞美國有線電視新聞網令人警醒的丹吉爾島紀錄片。在紀錄片中，丹吉爾島市長甚至對總統本人提出訴求：「唐納・川普，如果您看到這個景象，不管您能做什麼，我們會感激您的任何協助！」川普沒讓市長懇求第二次。他拿起電話，打給市長，告訴對方他所聽到的事情，請對方不要擔心。「你的島幾百年來一直存在，」川普說：「我相信它還會存在幾百年。」民粹主義者喜歡扮演這種角色：一直都傾聽人民的聲音。

至於這個島的命運，相較於否認氣候變遷的川普，研究人員卻不是那麼樂觀，他們的研究總結：「丹吉爾群島和丹吉爾市的時間已經快要不夠了。要是什麼都不做，丹吉爾群島的居民可能是美國的首批氣候難民。」

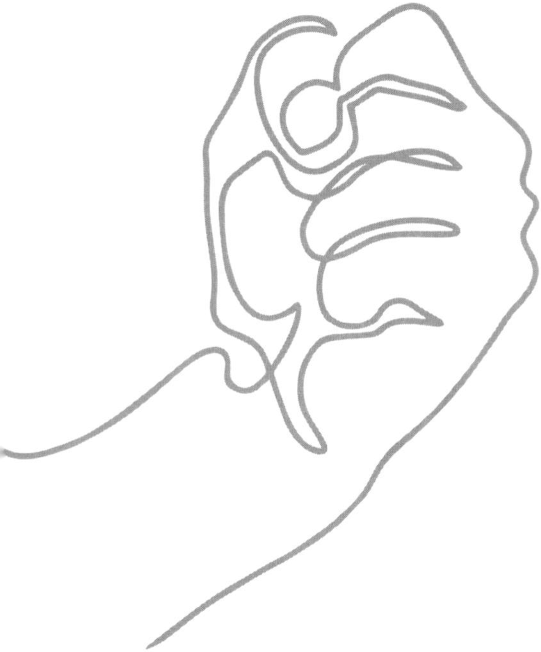

第8章

民粹主義者為什麼批評媒體？

腦袋空空比較容易點頭。

——扎爾科・佩坦[17]

唐納・川普剛就任總統的時候，電視上為他播放簡短廣告影片，一個男性的聲音興奮地說：「從未見過美國如此成功！」更多工作，少繳點稅：這段宣傳片看起來就像電影預告，電影裡的英雄叫川普，再加上一堆美國汽車和微笑家庭的畫面。是啊，美國的一切可以如此美好，要不是媒體作梗的話，因為宣傳片裡說：「您絕不會從新聞裡看到（川普的成果）。」真的嗎？美國的新聞報導真的對這些一字不提嗎？

把 YouTube 上這段三十秒的影片再播放一次，就會注意到一些事情：影片製作人很好心地隨即附上川普成果的來源根據，包括《紐約時報》（*New York Times*）（也就是唐納・川普口中的「假新聞」）、全國廣播公司商業頻道（又稱消費者新聞與商業頻道，Consumer News and Business Channel，縮寫CNBC）以及《波士頓全球報》（*Boston Globe*），這三家媒體屬於美國最知名的媒體。影片的口號顯然是「以假新聞對抗假新聞」，但是美國有線電視新聞網（CNN）、CBS廣播公司和其他大型電視廣播公司又如何呢？他們真的不曾報導川普的政績嗎？有的，只要用谷歌搜尋一下就知道，事實只差一鍵之遙。

這種手法受到全球民粹主義者的喜愛，只要想宣告他們喜歡的消息，他們就引用大型媒體報導；相反的，同一個記者要是寫些他們不中意的事，有違民粹主義者觀點的事，就被說是「系統媒體」。只要正確運用嚴謹的媒體，就能戳破「過濾氣泡」，讓陰謀論的空中樓閣倒塌。因此嚴謹的媒體是對抗民粹主義的良好工具，後者經常只說一部分真相。

17. 扎爾科．佩坦（Zarko Petan，一九二九—二〇一四），斯洛維尼亞作家及導演。引文出自扎爾科．佩坦所著《腦袋空空比較容易點頭》（*Mit leerem Kopf nicht es sich leichter*）。

川普開了許多戰線對抗真相和媒體。二〇一六年二月，也就是在選戰期間，川普才說美國官方失業人口數字「造假」。因為失業率在他的前任歐巴馬總統執政期間下降，川普身為民粹主義者卻想讓這個國家的狀況顯得非常惡劣，於是百分之四點九的失業率一定不對。在新罕布夏的一場演說中，他對支持者大聲說：「數字也許達到百分之二十八、二十九甚至三十五，不久前我甚至聽說達到百分之四十二。」百分之四十二的失業率？我們直接說清楚，川普根本胡說八道。這是民粹主義者的雙重詭計範例：首先以荒謬的相反說法質疑事實，然後渲染成大災難。

自從川普就職以來，低失業人口數字又變成正確的，二〇一七年三月，白宮宣布失業率為百分之四點七，計算失業率的方式卻根本不曾改變過。有個記者指出其中矛盾，白宮發言人轉述唐納．川普的話，表示：數字「在過去可能被造假，現在非常真實」。發言人笑了起來，滿室的記者也跟著笑。還是記者們其實在笑發言人？這是古老的民粹主義智慧：如果統計數字對他們不利，就說數字造假；如果符合他們的想法，就把數字當成真相傳遍全世界。

不停地全面指責媒體不是川普的專利，德國的民粹主義者也喜歡宣稱媒體不能或不想自由報導。經過驗證，把全部媒體一概而論是錯誤的做法。無國界記者組織今年公布了一份媒體自由度量表，上面列了一百八十個國家和地區：二〇一七年前三名是挪威、瑞典和芬蘭，第一百八十名是北韓，德國排名十六。

無國界記者組織的工作成員見識過沒有真正媒體自由的國家，這些國家以審查媒體讓記者「遵守路線」，騷擾、監禁、刑求記者，或是在街上射殺記者，德國不是這樣的國家。

在德國，人們可以從最重要的媒體讀到社會詐欺[18]、貪汙和逃稅，就

18. 譯註：指逃稅、未依法為僱員投保等傷害社會整體利益的行為。

算涉及最高層的政府官員也不避諱；人們可以在車站書報攤買到各種報紙和雜誌，從極右派到極左派都有，每個人都可以自由選擇。根據無國界記者組織的數據可以推斷：如果能享有像德國這樣的媒體多樣性，列表上全球國家百分之九十一的公民都可以感到開心。

但是二〇一七年九月，德國另類選擇黨在網路上建立一個活動網頁，色調陰暗，主要針對德國總理梅克爾，並且批評媒體，德國另類選擇黨以大大的字體責問：「為什麼你們不報導梅克爾的失敗？」有興趣的人還可以把加上這句標語的合成照片分享到社交媒體上。

為什麼媒體沒有如德國另類選擇黨所宣稱報導？或者媒體其實報導了？如果把這個問題「為什麼你們不報導梅克爾的失敗？」以谷歌完整地搜尋，第一條結果是二〇一七年六月的《法蘭克福匯報》的一篇報導，這份報紙是德國最有聲望、最高閱讀率的報紙之一，這篇文章的標題是〈梅克爾的失敗〉。所以至少有一篇文章報導「梅克爾的失敗」，而且還當成標題。

不只如此，德國另類選擇黨網頁上還有許多文章，內容從歐盟的恐攻風險到債務危機都有，那麼根據這個網頁的說法，這是誰的錯呢？安格拉·梅克爾。德國另類選擇黨還為這些文章提供佐證，主要來自各大報紙和雜誌的網頁，被列出的包括《世界報》（*WELT*）、《鏡報》（*SPIEGEL*）、《亮點週刊》、《每日鏡報》（*Tagesspiegel*）、《焦點雜誌》（*Focus*）、《漢堡晚報》（*Hamburger Abendblatt*）、《畫報》及《時代週報》（*ZEIT*），顯然德國發行量最高的報紙雜誌幾年來都曾充分報導「梅克爾的失敗」，德國另類選擇黨大可以指出這些報導。

德國另類選擇黨這種活動，連同他們那些半真相，非常適合社交媒體，民粹主義者明顯喜歡運用這種活動，而且也比其他政黨有績效。社交媒體提供直接和公民互動的機會，不必經過傳統媒體的過濾。報紙出現造假的消息之前，通常必須經過好幾道嚴格審核機制，而且大部分假消息無法通過。在網際網路只要按一下，謊言就傳遍全世界。換個比較好的說法：出現在每個人的即時動態上。

幾年前在德國有個字眼「後事實」（postfaktisch）很流行，二〇一六年被選為年度代表詞。「後事實」的意思是政治行為不再以事實為依據，而是根據直覺行動。代表詞評選委員說明何以選擇這個詞：「越來越廣的公民層出於厭惡『上層』而樂於忽略事實，甚至願意接受明顯的謊言。並非對事實的要求，而是說出『感覺到的真相』在『後事實時代』占了上風。」

柏林德國另類選擇黨政治人物葛歐格．帕茲德爾斯基（Georg Pazderski）就做出相關示範。有個記者問他為何總是指出犯罪的外國人，卻不提其他「百分之九十五或九十八」遵守法律的外國人，帕茲德爾斯基回答：「相關的不是純粹的統計數字，而是公民的感受……人們所感覺到的也是現實。」畢竟不容忽略公民的憂心。

如果記者做好自己的工作，就能挑出這種荒謬之處。麵包師烘麵包，木匠做家具，記者讓有力人士寢食難安，這是記者的工作。川普在記者會上喜歡友善的問題，但是他有所誤解，記者不會只提出友善的問題，至少在民主社會不會這麼做，記者如果不讓人頭痛，他們一定做錯了什麼。

完全盡責的記者好比美國國家電視廣播公司新聞網的恰克·托德（Chuck Todd）。二〇一七年一月，托德問川普的顧問凱莉安·康威（Kellyanne Conway），川普為何散播不實說法，據川普說，從沒有這麼多觀眾參加總統就職典禮。康威的回答既簡單也毫不掩飾，於是一答成名，她說就是有「另一種真相」。托德不滿意這個答案，沒有「另一種真相」，他顯然動怒地反駁說：「那是假話。」

第9章

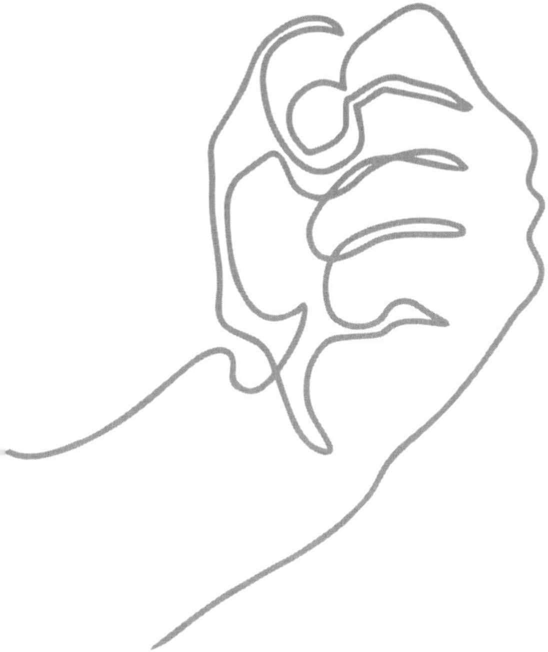

民粹主義者如何製造恐懼和憤怒？

恐懼是通往黑暗面的途徑，恐懼導致憤怒，憤怒引發仇恨，仇恨造成難以言喻的痛苦。

——絕地大師尤達

「想像一下，您又變成小孩子，夢到床底下的怪物。一般正常的政治人物會走進房間，和您一起察看床底下，然後說：『你看，沒有怪物。繼續睡吧！』民粹主義者會走進房間然後說：『對，那裡有怪物，而且比你想的更大更危險，只有我能保護你。』」

這幾句話並非出自民粹主義研究者或是記者口中，是史蒂芬．佩茲納（Stefan Petzner）寫的，他是奧地利人，十年前是歐洲最成功的民粹主義者之一。目前他自認是改過的前民粹主義者，並且嚴厲批判自己過往的做法。諷刺作家佛立茲．魏格勒（Fritz Weigle）曾說：「最嚴苛的批判者是從前被批判的那種人。」這個說法適用於佩茲納。

恐懼是許多民粹主義者選民的基本感覺，民粹主義者如從前的佩茲納以最好的能量餵養增長這種恐懼，其中最重要的添加物：假消息和輕視他人的語言。

想了解民粹主義者究竟如何以語言操弄選民，可以從佩茲納這類人身上找到答案。二〇〇〇年代之初，他為右派政治人物尤格・海德（Jörg Haider）工作。海德擔任奧地利右派民粹主義政黨奧地利自由黨的黨魁十四年，他在一九八六年接掌該政黨，該黨當時幾乎不曾得票超過百分之六。十四年後，奧地利自由黨在他卸任時甚至參與執政，海德成為政治明星，名聲遠播國外。

佩茲納是奧地利自由黨成功的因素之一，他不只擔任海德的媒體發言人，也主導選戰和競選活動。佩茲納創造了一些仇外口號，好比「克恩頓邦（Kärnten[19]）沒有車臣人」。喚醒一下大家的記憶：納粹人把「沒有猶太人」這句話用在已經（不再）有猶太人居住的地區，因為猶太人已被送進集中營、被射殺或送進毒氣室等等。佩茲納在一次訪談中說：「我幫海德想出許多口號，在海報上，在競選影片裡，始終非常清楚：就是要引發醜聞。」

佩茲納解釋，民粹主義作用方式就像好萊塢賣座片一樣，一邊是好人、受到威脅，另一邊是「黑暗、陰沉力量」帶來的危險，然後出現一個英雄，「政治超人」。在奧地利，這個「政治超人」的名字是尤格．海德，在美國叫唐納．川普；在德國，德國另類選擇黨自認扮演這個角色。

奧地利自由黨示範許多手法，後來被德國另類選擇黨模仿，甚至可說是歐洲新右派民粹主義的原型。好比前德國另類選擇黨黨魁佛勞珂．佩特里在二〇一六年三月就說，「不從奧地利自由黨的經驗獲益就太蠢了。」

德國另類選擇黨在策略白皮書上曾描述他們想如何進行，根據這份白皮書，他們自認是「唯一真正的反對黨」、「非常清醒而且目標明確」，他們要「一再地政治不正確，使用露骨的語言，面對精心設計的挑釁也不退縮」，凡能引發怒火的都可以做。

把這個政策完全內化的是德國另類選擇黨黨魁亞歷山大・高蘭。在一次演說中，他說出兩句話：「今日我們寬容，明天就會變成自己國家的外來人」。拜昂邦憲法保護局認定這句話是極右派的典型語言模式，因為這句話出自新納粹樂團「基基和棕色城市音樂家」（Gigi und die braunen Stadtmusikanten）的一首歌，收納於二〇一〇年發行的唱片《阿道夫・希特勒還活著》（*Adolf Hitler lebt*），這張唱片被聯邦審查委員會列入危害青少年媒體清單當中。高蘭在上述同一場演說中稱梅克爾是「獨裁總理」。

政治人物如高蘭以刻意挑釁來刺探言論的容忍極限，民粹主義者以此

19. 譯註：奧地利自由黨的大本營。

利用研究者所謂的「偏差正常化」效果，規則越常被踰越，人們反而更接受規則不再成立，或是不再把規則當一回事。要是每天上學或上班遲到五分鐘，而且沒有人糾正，總有一天變成正常情況。先前被禁止或不被容許的事情，這時感覺好似可以接受。好比「日耳曼族」這個字眼，十年前德國政治人物幾乎不許用，否則就會丟掉工作。說出這個字眼之後，佛勞珂．佩特里還是繼續擔任德國另類選擇黨黨魁。

在某些情況下，民粹主義者事後宣稱他們根本沒說過這種話，或是辯稱他們根本沒有那個意思，於是一舉兩得：言談之間，他們讓支持者聽到他們想聽的話，話已經說出口了！民粹主義者事後對其他人表示否認說過這些話，並且把自己包裝成媒體的受害者，反駁說他們的說法被斷章取義，或是乾脆說被誤解，也許甚至是故意誤解！

白宮的媒體發言人也必須每天對付「偏差正常化」，那個行為偏差者坐在橢圓辦公室裡，名叫唐納．川普，透過推特全面對媒體、政治人物和名流開火。在川普之前，沒有總統敢公然為之。目前大眾已經感覺麻痺，川普也很少能再度超越庸俗，他「正常的」羞辱，好比稱《紐約時報》等媒體做假新聞，因此變成不那麼突兀，羞辱也顯得平常。有時川普甚至一日多次指責一些媒體發假新聞，但是他幾乎無法再創造頭條新聞。

另一方面看來，民粹主義者也從踰越禮俗界線的語言獲益，他們越常違反原則，就越像是「勇於承擔」的人，和「老舊政黨」系統的人完全不一樣。某個人是否說真話根本無關緊要，想像一下，獨唱歌手站在大場館裡，群眾的聲音一旦大起來，獨唱歌手大可以朝著麥克風狂喊：「二加二等於五」，粉絲也許會覺得奇怪，但情緒卻不會因此滑落。

因此製造醜聞對民粹主義者通常並非工作意外，偏離「主流」反而會讓川普這類人獲得支持者的擁戴。記者薩沙・洛博（Sascha Lobo）稱之為風車原則：逆風越強，風車旋轉就越快。以德國另類選擇黨的圖靈根地區主席比約恩・霍克為例，他把自己臉上印著巧克力唇印的照片放到臉書上，照片還寫上「醜聞：霍克被黑人親吻！」他覺得這樣做很有趣。聽起來可能無傷大雅，長期下來卻不是那麼一回事。這類說法其實就像用文字比中指。

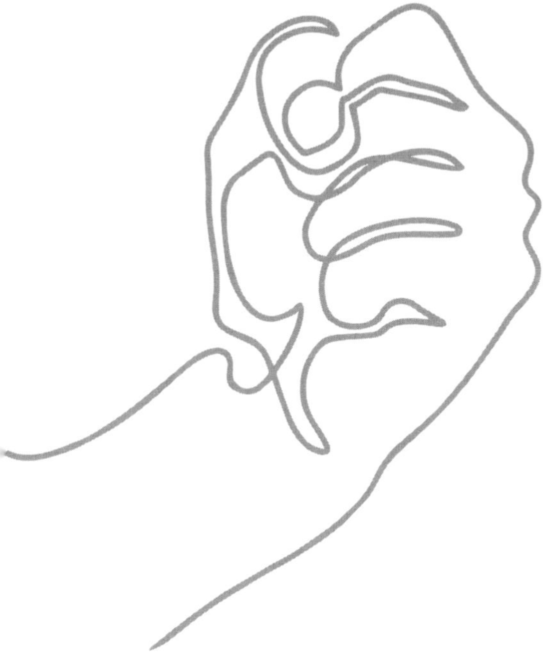

第10章

民粹主義者如何將語言當作武器？

人類最致命的武器就是語言，人很容易受到關鍵字的催眠，就像被傳染病感染一樣容易。

——阿瑟・庫斯特勒[20]

我們的語言不僅決定我們如何說話，對我們如何思考，直至最終如何行為都有莫大影響。在過去三年當中，德國每年選出的「年度謬詞」都直接和民粹主義相關：「謊言媒體」（二〇一四年）、「好人」（二〇一五年）以及「民族敗類」（二〇一六年）。

我們運用哪些辭彙，相當程度透露出我們的「世界觀」。語言學家依莉莎白・魏綾（Elisabeth Wehling）多年來一直研究語言的力量，她表示：「個別的語詞和句子裡隱藏的意義，遠比眼睛看到的多，一直都是，真的一直都是這樣。」借用一個例子就能詳加解釋：我們只不過讀一個句子「約翰踢到球」，主管「踢」這個動作的腦部區域就會被活化。我們讀著「約翰伸手拿叉子」，腦子裡就會進行好像真的伸出手那樣的過程。

根據魏綾的說法，這種機制不僅發生在讀動詞的時候，要是讀著「肉桂」這個字，腦部負責聞嗅的區域就會被激發。讀著「波浪」和「潮汐」就會自動想到大自然的力量，想到幾乎無法阻擋的水量，因此不管我們是否意識到，「難民潮」這個字眼會令我們產生無力和危險的感覺。

每個政治人物、每個傑出的演說者都會運用這種技巧。透過語言畫面，他們讓聽眾和讀者朝著特定方向，但是越常使用貶低的語詞，就讓人越難看到所描述事物的積極面，可說訓練腦子感知負面事物，這樣的思考

20. 阿瑟・庫斯特勒（Arthur Koestler，一九〇五－一九八三），英國作家。引文出自阿瑟・庫斯特勒所著《雅努斯》（*Janus: A Summing Up*）。

模式，如魏綾所述，「輕手輕腳地潛入腦子」[21]。

民粹主義者運用這種技巧以分裂大眾，分成「那邊的高層」和「真誠的人民」，分成「我們當地人」和「其他外人」。德國另類選擇黨副主席亞歷山大・高蘭總是把尋求庇護的難民和「野蠻人」劃上等號；這麼做的人，他的腦子隨著時間就越不容易把難民看作和你我一樣的人類。發生在讀者及聽眾身上的事也一樣，我們讀著「野蠻人」，想到的或許是原始、石器時代的人類；讀到「入侵」想到戰爭，從這裡只剩一小步之遙：這些野蠻人、這些入侵者不是我們的一分子。

字庫一旦擴大，也就容納更多想法。說出貶低的語詞如「左派－紅－綠汙染」的人，就把人類視同害蟲、病源或是輻射。稱某人為「寄生蟲」的人，就不容易邀請這個「寄生蟲」的兒女參加孩子的慶生會，和他們去打保齡球，或是把房子鑰匙交給他們，好請他們幫花澆水。

為了達到排外的效果甚至不需要語言，只要圖片就夠了。德國另類選擇黨在二〇一七年聯邦議院大選前張貼海報，畫面呈現四隻黑色兀鷹停在路障橫桿上，上面寫著：「『福利國家』？需要邊界！」就算沒有明文寫在海報上，訊息依然從畫面躍然而出：黑色兀鷹想洗劫我們的福利國家。二〇〇九年，瑞士民粹主義政黨瑞士人民黨想出類似的點子，在一次公投前夕張貼海報，畫面上是三隻黑烏鴉，正用嘴喙啄碎瑞士。

惡名昭彰的還有下列來自美國的這段話，出自唐納．川普口中，指涉住在美國的幾百萬墨西哥人：「墨西哥把人送過來，送來的不是最好的人才，而是把麻煩人物送過來我們這裡。他們帶來毒品，帶來犯罪，他們是強姦犯。還有一些好人，我猜想。」

仔細看看川普這段話，美國總統運用一種伎倆，立即看穿這種伎倆有

21. 魏綾和喬治．拉寇夫（George Lakoff）的共同著作標題即為《輕手輕腳地潛入腦子，政治語彙及其隱藏力量》（*Auf leisen Sohlen ins Gehirn. Politische Sprache und ihre heimliche Macht*），海德堡，二〇一六年。

其重要性。川普讓他的評論套上不同的外衣，「他們是強姦犯」、「他們帶來毒品」，這些都是陳述句，聽起來有如這些句子傳達的是事實而非假設。接下來是表達猜測之詞，「還有一些好人，我猜想」，根本不是事實，只是個想法。因此對川普而言，他確定墨西哥人帶來毒品，是強姦犯，但不確定幾百萬人當中有一些好人，最後一項只是他的假設——典型的仇外句子。

川普無疑是民粹主義大騙子，幾乎沒有人能像他在二〇一六年總統大選那般巧妙運用民粹主義工具箱，其中最重一擊應該是：「騙子希拉蕊」（crooked Hillary）。這個稱號的由來是這樣：希拉蕊·柯林頓還擔任美國國務卿（二〇〇九—二〇一三）的時候，曾經由私人帳號寄出公務電子郵件，對一般大眾而言不是什麼大問題，對美國國務卿可是個大麻煩，畢竟她的職務要處理一些核子武器及和平協定事務，也就是郵件內容高度敏感，美國聯邦調查局因此展開對她的調查。

川普自然把這件事當作有機可乘的前例，二〇一六年四月他開始一再稱希拉蕊．柯林頓為「騙子希拉蕊」，不管是在公開還是私下場合。川普運用這一招，到最後就像個廣告專家似的，他經常重複「騙子希拉蕊」，直到這個說法深入大眾記憶，猶如這是一句廣告詞。光是在推特上，從二〇一六年四月到十一月間，這個說法他就用了超過兩百次。就算根本不贊同他的看法，總有一天提到「希拉蕊」這個名字也很難不聯想到「騙子」。川普把他的對手貼上一張標籤，不管她怎麼搓，貼得非常牢靠。

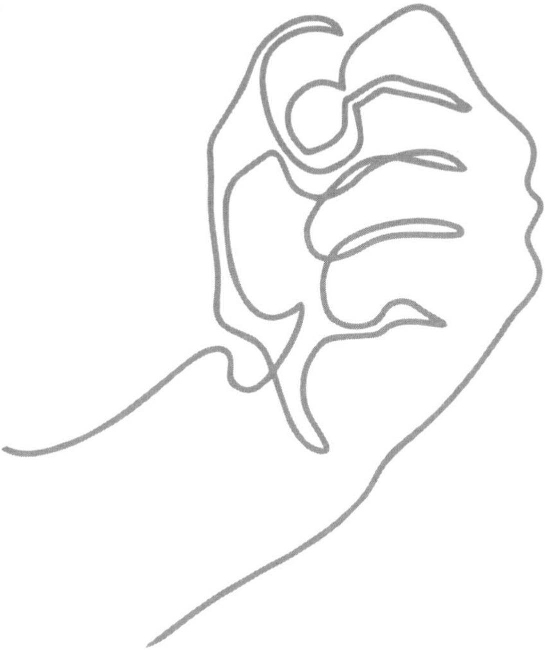

第11章

民粹主義者如何操弄圖像？

掌握畫面就掌握腦子。

——比爾．蓋茲

要是輕蔑的語言已經達不到效果，那麼就拿圖片來詆毀。德國另類選擇黨在他們的臉書專頁上貼了一張社會民主黨總理候選人馬丁．舒茲的圖片，他的相貌變得怪異，看起來比較討人厭，鼻子拉長，嘴巴尖起。這張圖根本和他的長相無關，所需要的只是一張用來當插圖的照片。這篇貼文後來被刪掉，沒有說明原因。向德國另類選擇黨媒體發言人詢問原因，一直都沒有獲得答案。為何舒茲的臉被改動，直到今天都不知道原因。

二〇一七年二月，荷蘭右派民粹主義者海爾特．懷爾德斯也在推特上用一張拼貼照片挑釁，他把民主六六黨（Democraten-66）政治人物亞歷山大．佩赫托德（Alexander Pechtold）的臉剪下來，貼到武裝伊斯蘭示威的畫面上，然後加上標題：「佩赫托德參加哈馬斯（Hamas）恐怖分子的抗議集會。」根本是赤裸裸的謊言，佩赫托德沒有參加這場示威遊行。懷爾德斯被問到圖片造假的事情，他只是淡淡地說：「佩赫托德不應該想太多。」

二〇一六年二月二十七日，當時的基民黨聯邦議院議員艾麗卡．施泰恩巴赫（Erika Steinbach）向推特世界展現，她也掌握了民粹主義技巧。她放了一張照片，上面是一群友善微笑的深膚色孩童，好奇地圍著一個金色鬈髮的小孩。照片上的旁白是「德國二〇三〇年」以及「你從哪裡來的？」施泰恩巴赫想用這張照片表達什麼？當然是隱喻面對外來人的恐懼，淺膚色的孩子在自己的國家變成異國風景。

針對她推特貼圖的批評立刻湧現，而且聲勢驚人。綠黨的黨魁西蒙妮．彼得（Simone Peter）稱這條推特是種族歧視；自由民主黨黨主席克里斯蒂安．林德納（Christian Lindner）要求「愚蠢也要有個上限」。科隆主教萊納・馬利亞・沃俄基（Rainer Maria Woelki）也在推特上表達憤怒，就連日報都報導這條推特。

施泰恩巴赫事後解釋：她從一位「憂心的父親」那裡透過電子郵件收到這張照片。施泰恩巴赫表示，雖然是「不具攻擊性的照片」，卻清楚顯示許多人的「惡夢」。每個有眼睛的人都看得出來，這張照片呈現的不是一群蹂躪德國的兇惡外國人，只是一群孩子看著一個小孩。

北德廣播公司（NDR）的一名調查記者想深入了解，於是開始尋找圖片的來源，他想知道：照片在哪裡拍的？誰拍的？有什麼樣的前後故事？

用谷歌也能回溯搜尋圖片，結果，這張照片以前就曾出現在全歐的許多網頁上，這些網頁有個共通點：上面是滿滿的極右派言論。這張照片在每個網頁上幾乎都一樣，變化的是下方的標語，例如「波蘭二〇二〇年」、「挪威二〇三〇年」或是「羅馬尼亞二〇三〇年」。這些國家的人們顯然擔心，白人在國內變成少數種族。釐清一下：波蘭的外國人比率為百分之零點四。

北德廣播公司記者繼續尋找原創者，最後找到這個金髮小孩的家人，他們住在澳洲，照片是家族到印度旅行的時候拍的。家長得知他們的照片以何種形式傳遍全世界時感到震驚無比，金髮孩子的父親說：「原本美好、不帶任何偏見的幼童相遇，居然以這種方式扭曲，正好呈現種族主義有多可悲。」

艾麗卡．施泰恩巴赫連向家長道歉都沒有，她忿忿地寫道：「我頂多驚訝於一些媒體和記者是怎麼浪費他們的時間。」總而言之，有張照片原本想呈現一個澳洲小男孩造訪印度兒童之家，照片經過操弄後被施泰恩巴赫拿來暗示，德國人在二〇三〇年會變成德國少數種族。

和民粹主義完全一致。

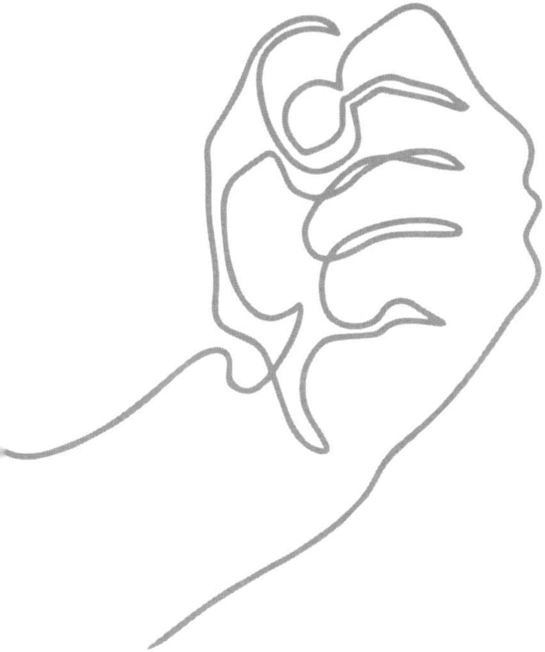

第12章

民粹主義者為何如此危險？

德國另類選擇黨抄襲德國國家民主黨（NPD）。

——烏多．沃矣格特[22]

德國另類選擇黨收割德國國家民主黨耕耘的成果。

——霍格．阿普佛[23]

德國另類選擇黨幫助一些說詞再度熱門。

——法蘭克．法蘭茲[24]

毫不設限的語言

在〈民粹主義者如何製造恐懼和憤怒〉一章曾提到「偏差正常化」一詞，民粹主義者利用這種心理效果，以便激化政治語言，隨著語言跟著改變想法。「偏差正常化」的危險之處在於有些人再也看不出已經超過界線，尤其是要求加強邊界控制的政治人物，他們通常已經不知語言界線為何物。

彥斯．麥爾（Jens Maier）就是個例子，他從二〇一七年十月起代表德國另類選擇黨擔任德國聯邦議院議員。二〇一七年二月，他在德勒斯登瓦茲科舞廳進行一場道地的極右派演說，不僅警告聽眾小心「混種」，還宣布所謂的德國「罪惡感文化」已經結束。（意指德國人對納粹罪行和反省所應負起的責任；極右派拒絕反省。）

麥爾在演說中表示，德國國家民主黨是唯一「永遠和德國緊密」站在一起的政黨。聯邦憲法法庭卻不這麼認為，就連極右派的德國國家民主黨本身也不贊同。德國國家民主黨後來的主席霍格．阿普佛在一九九八年的

22. 烏多．沃矣格特（Udo Voigt，一九五二－），前德國國家民主黨黨主席（一九九六－二〇一一）。
23. 霍格．阿普佛（Holger Apfel，一九七〇－），前德國國家民主黨黨主席（二〇一一－二〇一三）。
24. 法蘭克．法蘭茲（Frank Franz，一九七八－），德國國家民主黨黨主席（二〇一四－）。

演說中表示：「沒錯，我們就是仇視憲法！」德國另類選擇黨政治人物麥爾的三種說法都是德國國家民主黨早已為人所知的立場。

德國另類選擇黨邦議會議員馬利歐・雷曼（Mario Lehmann）也曾在二〇一七年三月口無遮攔，他在馬德堡（Magdeburg）的議會當中說：「如果賦予每個被帶到德國的騙子，以及那些『性愛專業人士』（Ficki-Ficki-Fachkraft[25]）選舉權，把德國國籍送給他們，將是對我們德國人的背叛。」就算議長高呼「秩序」都未能阻止他脫軌演出。

民主之下的政治人物是一個國家當中最有權力的人，因此也是典範。一旦政治人物輕視其他人，就有如邀請其他人照做。明明訊息齊全的政治人物卻警告大眾會發生內戰，那麼還有誰不感到恐懼？如果就連權威人士都不再遵守道德規範，那麼人們又有何理由遵守呢？

唐納・川普從就職以來一直都在做負面示範，幾乎每天都在羞辱某個人，他的支持者則歡呼。英國民粹主義者奈傑・法拉吉（Nigel Farage）以演說讓歐洲議會看到他多麼輕視其他政治人物。法拉吉當時還是英國獨立黨黨魁，他在議會大聲挑釁地說：「我知道，諸位之中沒有人這輩子實際上真正工作過，不曾在經濟領域工作，也不曾創造過任何工作機會。」

英國國家廣播公司（BBC）對法拉吉的說法進行抽樣查證，除了法拉吉之外，當天還有十三位議員在歐洲國會發言，他們在成為政治工作者之前，其中三位是創業的企業家，其他則是語言教師、律師、專業人士或是教授，因此法拉吉的發言是不實言論。

有段當時的影片呈現法拉吉引人深思的發言，坐在法拉吉後一排的是立陶宛歐盟專員維特尼斯・安德列凱提斯（Vytenis Andriukaitis），他不斷搖頭，用手摀住臉。安德列凱提斯從政之前是心臟外科醫師，他參與立陶宛首次心臟移植手術。

25. 譯註：這個詞有兩個可能來源，一是德文 ficken 就是性交之意，二是德籍黑人饒舌歌手溫佛利德・尤爾根（Winfried Juergen）的一首歌曲名就是 Ficki-Ficki。

法拉吉的發言以偏概全，沒有任何意義和理性，他顯然不只想羞辱其他人。民粹主義者以類似行動攻擊民主最重要的兩項資源：信賴與不信任。

政治首先需要信賴，因為我們無法親自統治國家，我們必須讓政治人物完成大部分的工作。的確，直接民主讓我們原則上可以自行立法，但實際上並不可行。有誰會在下班休息時間還想研究狗糧規範法規修正案？長時間下來，直接民主將變得過度複雜，也要投入許多時間，因此我們將意見委託給一些人，信賴他們，把他們送進議會。如果他們的工作讓我們不滿意，我們就在下一次選舉把他們換掉。

因此政治不只需要信賴，也需要適度的不信任。政治人物信守他們的承諾嗎？他們是以事實還是以「感覺到的真相」來論政？議員的行為合乎我們的期待嗎？同樣的，我們不能自行檢驗每一件事，但是有非政府組織以及尤其是記者來做這些事情。民主需要對媒體發出的質疑多一些信任。

過去幾年，對媒體所提質疑的信任感減退了，正如我們所知，媒體本身也有責任。但是民粹主義者的批評總是以偏概全，他們沒有建設性，只會撕裂；他們在任何可能的領域散播不信賴感，例如不信任媒體，因為媒體原本就是負責監控的，同時也不信任意見不同的政治人物。他們以這種方式為自己築起雙層保護，只剩下不信賴，再也沒有信任。

如今在德國聯邦議院有些議員說同僚是「民族敗類」，根據《世界報》報導，甚至指責他們是「豬玀」和二次世界大戰「戰勝國的傀儡」；議院裡如今坐著像德國另類選擇黨主席亞歷山大・高蘭這樣的人，他是他應代表的人民的一分子，卻只想把這些人民趕到安納托利亞（Anatolien）[26]；和高蘭有同樣想法的參議員認為，人們應再度為德國軍隊的士兵感到驕傲。

但他們卻自認是唯一正直的民主人士，現任的德國另類選擇黨參議院議員漢斯尤爾克・慕勒在二〇一六年八月的演說中表示：「我們是這個國

26. 譯註：安納托利亞半島占土耳其國土最大面積。這個說法是因為有些德國籍公民是土耳其裔，他們在德國早年需要外來人力時移居德國。

家最後一個依然堅守憲法的政黨」，鑑於「幾乎經證實的人民交換，經證實剝奪我們公民權，破壞德意志聯邦共和國的獨立自主，所有基民黨－基社盟－自由民主黨－綠黨－左派統一黨（Linke-Einheitspartei）的政客早已背離憲法」，德國人「被自己的政客交出去送死」。他的德國另類選擇黨同志司德方・普羅區卡（Stephan Protschka）則表示，總理梅克爾計畫「謀殺德國種族」。他二〇一四年在推特上轉推，認為歐盟「不是歐洲而是第四帝國」[27]。愛麗絲・魏德爾曾發表談話表示：「昨日的法西斯主義者是今日的反法西斯主義者和好人。」

身為民主政治人物，再也沒有比這番話更極端、也更具毀滅性的說詞。對這些遊走在民主邊緣的人，至少要準備幾種反駁論述。對黑暗、種族主義的論調如「混種」應該用探照燈照亮。說出想要避免「混種」的人，必須先回答下列問題：

1. 何謂「混種」？一個國家的人民超過百分之十具有移民背景？超過百分之二十？還是三十？

2. 身為個人如何避免「混種」？和他的俄裔妻子離婚？和埃及男朋友分手？或者只是避免懷孕？

3. 問及屬於哪一族的時候，宗教信仰有何相關性？有個黑皮膚信仰天主教丈夫沒問題，但是髮色紅棕的穆斯林就有問題？

應該要知道，德國另類選擇黨至少在三個邦的側翼組織是由具備移民背景的人所主導[28]。參議院議員，也是青年另類選擇黨青年協會主任馬庫

27. 譯註：納粹德國想建立第三帝國，自認延續一八〇六年終結的神聖羅馬帝國（第一帝國），以及一八七一年建立的德意志（第二）帝國，另類選擇黨顯然想延續這個傳統。

28. 拜昂邦的佩特爾．拜斯聰（Petr Bystron）就來自現今捷克，柏林邦的葛歐格．帕茲德爾斯基的父親則是波蘭人，巴登符爾滕山邦的馬爾克．永恩（Marc Jongen）則是義大利裔。

斯・富隆邁爾出生在羅馬尼亞；在拜昂邦為參議院候選人爭取支持者的德國另類選擇黨人，他們的姓氏都是異國風的米亞茲卡、拜斯聰、普羅區卡、波多萊、擎尼歐克和賽隆，至少可以推測，應該有些人的祖先是移民。因此針對極右派民粹主義者如麥爾的看法，我們可以確認：如果連民粹主義者都做不到，那麼避免混種一定相當困難。只要德國存在，德國就是「混種民族」。重點一向在於如何定義民族，薩克森人（德東）、拜昂人（德南）、弗里斯人（德北）和施瓦本人（德西南）經過幾百年的時間才互相接受對方為同一種族。移民不是二十世紀才發明，十七世紀末，成千上萬個法裔新教徒移入德國境內，即所謂的胡格諾教徒；十九世紀末，無數「魯爾波蘭人」移居到德國西部。

在魯爾區，他們主要在礦場工作，政治人物當時也警告會發生「波蘭化」，當地的足球俱樂部被蔑稱為「波蘭客協會」（Polackenverein）。一九五四年世界盃足球賽，三分之二的守門員名字聽起來都是波蘭裔，他們奪得世界冠軍。

一九五〇年中期到一九七三年，大約三百萬名所謂的「做客工人」（Gastarbeiter）來到德國，並且留了下來，其中有希臘人、西班牙人、義大利人和土耳其人。然後就是一九九〇年代初期的尋求庇護難民，這些移民的規模至少都和二〇一五年的移民規模大約相當。

暴力的危險遊戲

「拿回你的國家」，這是德國另類選擇黨二〇一七年的選舉口號，有興趣的人也可以買一個印著這句口號的冰箱磁鐵。德國另類選擇黨主要候選人亞歷山大．高蘭在選戰之夜對著支持者大喊：「我們會取回我們的國家和人民。」德國另類選擇黨的年輕政治家馬庫斯．富隆邁爾在二〇一五年十月就宣布：「只要我們來了，我們就會清掃，就會把垃圾丟出去。」

德國另類選擇黨的圖靈根主任比約恩・霍克描述如何進行：他在演說時表示，要讓梅克爾「穿上約束衣」，把她帶離總理辦公室。

失業的法蘭克・S差一點就從憤怒的人變成殺人犯，不是用約束衣，而是帶著一把三十公分長的刀子。二〇一五年十月他在科隆潛伏等著一個女性政治人物，當時是星期六，科隆市長選舉前最後一天，法蘭克・S等著亨麗葉塔・瑞克（Henriette Reker）——最有希望當選市長的候選人。在一個宣傳據點，他走向瑞克，問她是否也可以給他一枝玫瑰，然後就把刀刺向她，刀子幾乎完全切斷瑞克的氣管，她流血倒地，而另一個趕來幫助瑞克的人同樣被兇手刺成重傷。據說他被警方逮捕的時候宣稱：「我是為了你們才這麼做。」

法蘭克・S在法庭上說，他想保護德國免於伊斯蘭化。他原本的目標是安格拉・梅克爾，但是無法接近她。他指責他的被害人是「極左派」，國家如果「完全改信伊斯蘭」，她也是共犯。法院判他十四年徒刑。

受傷命危的瑞克復元，她還在加護病房的時候就得知自己贏得市長選舉。她對法蘭克・S說：「我希望刺客能體認到恨以及暴力不是解決方式。」

法蘭克・S幾十年來都是極右派分子，但是他犯罪時的社會氣氛似乎更加激發他。

二〇一五年，對難民營的攻擊次數急遽增加，德國聯邦刑事調查局記錄超過一千起刑事犯罪是針對難民營。在薩克森邦的包岑（Bautzen），一個外國人口不到百分之五的城市，二〇一六年有間房子被縱火，幸運的是裡面還沒有住人。火焰從建築物衝出幾公尺高的時候，大約三十個圍觀者站在房子前面鼓掌叫好。「焚燒難民住處不是攻擊，而是面對高層決定的絕望之舉」，當今的德國另類選擇黨邦議會議員參德羅・賀爾瑟（Sandro Hersel）在網路聊天室裡這麼寫著。

使用暴力的這種把戲是民粹主義政治的危險手段，同樣的，沒有人像唐納・川普如此嫻熟地掌握這種技巧。二〇一六年二月一次競選演說中，他一再被干擾打斷發言，這回他鼓勵支持者動用私刑。在運轉的攝影機前，他對支持者喊道，他們應該把干擾者「打到全身軟爛」，後面還加了一句：「而且我會負擔你們的律師費用。」

就像一些民粹主義者，川普的弱點是面對「能夠強硬起來」的人。二〇一七年四月，他當時已就任美國總統，他打電話給菲律賓總統羅德里戈・杜特蒂（Rodrigo Duterte），談話中他恭喜杜特蒂在菲律賓達成「解決毒品問題的出色工作」。要知道，杜特蒂就任菲律賓總統之後，他對疑似或真正的毒販發起血腥戰鬥。

人權維護人士說，自從杜特蒂於二〇一六年六月就任以來，菲律賓至少已經有一萬兩千人死亡；根據國際特赦組織（Amnesty International）的說法，警察甚至雇用職業殺手殺人。就連僅是有毒癮的人也被政府機關監視。二〇一六年九月，杜特蒂在媒體會議當中將反毒行動和大屠殺相提並論：「希特勒毀滅三百萬個猶太人，（這裡）則有三百萬個毒癮犯，我樂於將他們全部殺掉。」這就是七個月後經美國總統川普認證，達成「出色工作」的那個人。

民粹主義者喜歡出聲警告國家正處於存亡之秋，因此必須自我防禦。在美國，愛德嘉・馬迪森・沃爾奇（Edgar Maddison Welch）以他親身對抗「系統」而聞名，沃爾奇掉入假新聞的陷阱，這則假新聞後來以「披薩門」之名載入史蹟。二〇一六年，他在網路上看到下列這則消息的時候感到難以置信：希拉蕊・柯林頓在一家披薩店地下室囚禁孩童當奴隸，這些孩子被迫賣淫。這是則假新聞，但是在網路上被散播幾千次，就連川普陣營的工作人員都將之公布到推特上和轉推。

假新聞裡提到的披薩店「乒乓彗星」，位在華盛頓州，距離沃爾奇所在的索爾茲伯里（Salisbury）五百八十公里。沃爾奇決定徹底解決這件事，二〇一六年十二月某個週日中午前後，沃爾奇坐進自己的車子，他打包了他的 AR-15 自動步槍，這是美國軍隊突襲步槍的公民版，此外還帶了左輪槍、獵槍和彈匣。他在車上傳了一條訊息給朋友，萬一他出了什麼事，希望他們照顧他的家人。到達華盛頓之後，他拿起武器走進那家披薩店。顧客和員工驚慌地逃到店外，沃爾奇搜索店裡每個角落，開槍打掉門鎖和電腦。但是那裡什麼都沒有，沒有希拉蕊．柯林頓，沒有犯罪集團，甚至連個地下室都沒有。沃爾奇後來接受《紐約時報》訪問時表示：「我只想做件好事。」如今他因為動用私刑被監禁。

美國人詹姆斯．霍奇金森（James Hodgkinson）的怒氣也累積了幾個月。出身伊利諾伊州，六十六歲的霍奇金森加入臉書群組「通往地獄的道路以共和黨人鋪設」，稱川普是個「叛徒」，把共和黨人視為「美國的塔利班恐怖組織」。二〇一七年六月十四日，霍奇金森出現在維吉尼亞州共和黨政治人物棒球訓練場合，然後用他的武器開始掃射這些政治人物。美國參議員史蒂夫．史卡利斯（Steve Scalise）被射中臀部，還有另外五個人被射傷，保鏢趕到球場上，瞄準霍奇金森，他被多發子彈擊中，當天就在醫院死亡。傷重危及生命的共和黨參議員史卡利斯在槍擊案後經歷生死掙扎，幾個月之後，他總算恢復過來，二〇一七年九月，他拄著拐杖回到參議院，他的同僚，不管是共和黨還是民主黨人，對他報以數分鐘長的掌聲。

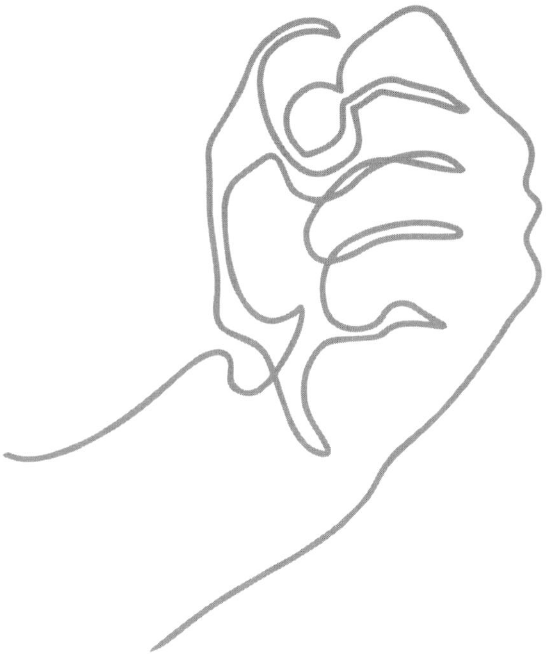

第13章

我們還可以做得更好的事

自行思考是最大的勇氣，敢於自行思考的人，也會自主行動。

——貝提娜・阿爾寧[29]

多思考，少爭鬥

美國歷史學家提摩西・史奈德（Timothy Snyder）以研究納粹大屠殺而知名，多年來他思考著一個問題：正常人怎麼能變成納粹罪犯。在他的著作《暴政》（*On Tyranny*）當中提出警告，法西斯政權最先攻擊的就是真相，我們今日所說的「假新聞」早在當年就已經是種武器。

史奈德認為美國總統川普對民主而言是個危險人物，因此他在書中提出二十項建議，以協助民主自我強化，對抗像川普這類人。「聽政治人物說話的時候，應該注意他們選用的辭彙」，這是其中一條，「相信真相，收集資料，加以檢驗；友善地使用語言；挺身而出，不要隨眾人起舞。」——他的結論是「跟隨真相就是超越法西斯主義」，而那些再也無法分辨真假的人，最糟糕的情況就是為獨裁開拓坦途。

因此史奈德要求為語言「卸下武裝」，少使用戰鬥辭彙，這的確是個開端。德文的「語詞」（Begriff）其實源自「理解」（begreifen）：想要了解事物的人，必須給事物一個名稱。「重力」（Schwerkraft）就是個例子：由「沉重」（schwer）和「力量」（Kraft）組合而成。一清二楚，語詞就是協助理解的工具。

戰鬥語詞的重點確實就在「戰鬥」二字，不在於理解。說「黑人」是想描述特定膚色的人，說「黑鬼」的人還想傷害他人。因此我們應隨時自問，我或是政治人物想以話語鬥爭還是理解？

29. 貝提娜·阿爾寧（Bettina von Arnim，一七八五—一八五九），德國作家。引文出自貝提娜·阿爾寧所著《金杜蘿德》（*Die Günderode*）。

每次聽到戰鬥語詞，應該意識到自己正被操弄。發言者想在此刻讓人以特定觀點理解事物，而且排除其他觀點。因此隨時注意就有幫助：

尋求庇護的難民只是難民，不是入侵者，不是野蠻人，不是「避難強姦犯」，也不是「性愛專業人士」。

極右派分子是極右派分子，不是「歃血之盟」（Pack）；沒良知的入侵者是沒良心的入侵者，但不是「蝗蟲」。

政治人物是政治人物，但不是「民族敗類」。

士兵只是士兵，不是兇手。

記者是記者，不是「謊言媒體」。

穆斯林是穆斯林，不是「戴頭巾的小女孩」。

示威者只是示威者，不是「討厭鬼」。

德國另類選擇黨政治人物就是德國另類選擇黨的政治人物，但不是

「混蛋」。

這些戰鬥語詞原則上都屬於言論自由，使用這些語詞不會觸犯刑法，但是這些語詞有任何幫助嗎？我們想把民主視為戰鬥還是互相理解？因為只有當我們稱難民為難民，才能繼續批評難民政策。只有稱士兵為士兵才能拒絕派兵到國外參戰。堅守這種做法的人，才能將語言再度用在彼此理解。

不應該用恨對抗散播仇恨的事物，而是經由論說；鼓吹恨來對抗散播仇恨者並不可行，恨與輕視遲早引發暴力，暴力不是政治方式。張貼德國另類選擇黨海報的人就曾被丟石頭，黨派成員受木板條攻擊，競選助手被踐踏和扼頸。但是民主和獨裁的差別就在於不以暴力解決歧見，而是以和平的方式，由各方一起解決。只會說必須使用暴力的人，行為舉止就不會像個良好的民主人士。

不要使用民粹主義者的辭彙

為何不該這麼做，當年的副總理西格瑪．嘉布里耶（Sigmar Gabriel）在二〇一五年八月做了示範。在薩克森邦海登瑙市（Heidenau）發生難民住處攻擊事件之後，他生氣地站在攝影機前，嘉布里耶說「血盟」是暴徒，應該被關起來。

在 YouTube 上有些影片呈現這些暴徒如何喊著：「自主、激進、民族反抗！」——典型的極右派戰鬥呼喊。他們用紅白斜線的交通信標毆打警察，大吼著：「動手，攻擊狗警察！」還把汽油彈丟向警察。這些行為和民主思想一點關係都沒有。

但是嘉布里耶的說詞帶有貶意，因此也是民粹主義語彙，他自己的民粹主義後來又被民粹主義者拆解，不再說「我們即人民」，有些人在示威時開始說：「我們即血盟」，直到今日，這句話都還是受歡迎的口號。德國另類選擇黨指責嘉布里耶的做法不當，因為他用「血盟」指稱一般示威者，而未保留給暴力極右派分子。在二〇一五年十二月的社會民主黨全國大會上，他也用了「血盟」這個字，這回他用來指稱德國國家民主黨（並非如 **n-tv** 電視頻道報導的指稱德國另類選擇黨）。有些記者嚴厲批評嘉布里耶的選詞用字，也有記者支持他的說法。好比《亮點週刊網》總編，按照他個人說法，他曾考慮使用「人類渣滓」這個字眼，這也是赤裸裸的民粹主義。

嘉布里耶還因為另一種同屬民粹主義的姿態而知名：二〇一六年八月他為了參加競選活動，開車前往薩茲基特（Salzgitter），在那裡等著他的不只是社會民主黨的支持者，一小群極右派分子帶著黑－紅－金（即德國國旗三色）面具，舉著「民族敗類」和「滾蛋」的牌子。

朝著嘉布里耶指責幾回之後，示威者之一對他喊出：「喂，你爸爸曾經愛過這個國家，你又做了什麼？你摧毀國家。」眨眼間嘉布里耶朝示威者比中指。是什麼讓嘉布里耶表現如此離譜？

為了理解，要先知道西格瑪．嘉布里耶的家族故事。嘉布里耶的父親瓦特是國家社會主義德國工人黨（Nationalsozialistischen Deutschen Arbeiterpartei）成員，這個政黨比較為人所知的名稱是納粹黨（NSDAP）。終其一生，瓦特骨子裡都是個納粹，他收集成箱的極右派書刊，其中包括《奧斯維茲神話》（Auschwitz-Mythos）等作品，這本書否認曾發生大屠殺，否認納粹謀殺幾百萬猶太人。薩茲基特的示威者因此提起嘉布里耶的父親，一個毫不掩飾的大屠殺否認者，說他父親曾經愛過德國。這就是嘉布里耶發怒的原因。媒體報導完全正確，嘉布里耶在薩茲基特遇到的是一群極右派分子。但是關鍵點何在？他豎起的中指，還有「血盟」。

希拉蕊．柯林頓在二〇一六年總統選戰中也犯過類似錯誤，選舉前兩個月，她在演說時把川普支持者分成兩邊，稱一邊是「可悲的一籃」（basket of deplorables），希拉蕊說，這一籃的川普粉絲是「種族主義者、性別歧視者、厭同性戀者以及仇外分子」；另一半的川普支持者則由失望者組成，人們，其實該說「她」，在總統的身分之下必須贏回這些人的信賴。

希拉蕊稍後對「那一半」的說法表示懊悔，但是語句早已傳遍全世界。川普支持者認為「可悲」是羞辱語詞。後來在支持川普的集會上，有些到場的人身上就穿著挑釁的T恤，上面諷刺地印著「可悲的人」。

不要落入假新聞的陷阱

人們把票投給民粹主義者，在傳播專家沃夫岡．許衛格爾（Wolfgang Schweiger）看來有個好理由：「如果公民行動不理性，並且投票有違自身利益，他們必定只是訊息不足或錯誤。」所有社會團體，不管老年或年輕，貧窮或富裕，首投族或政黨老兵，都應該接收政治事件相關訊息——「因為每個人都可以選舉和參與決定。」

先決條件當然是有興趣的人接收到的是事實，而非半真半假的消息。政治顧問瑪玲娜．魏斯班德示警：「自由社會成員每天都必須重新確認，錯亂並非常態，謊言就是謊言。」

政治和媒體目前已經知道假新聞是問題所在，幾個月來，越來越多新聞室致力於拆穿假新聞，可以運用的方式：每日新聞的網頁加上「發現事實」項目，德國公共電視臺（ZDF）的節目check17針對聯邦議院大選提供事實檢驗協助。奧地利的網站mimikama.at的記者揭發假說法；在美國，尤其是snopes.com、politifact.com以及factcheck.org三個網站致力對抗假新聞。《華盛頓郵報》（*Washington Post*）發布自己的專欄，名叫「事實查驗者」。政治家的聲明在專欄裡以「皮諾丘單位」（Pinocchio[30]）評定：一個皮諾丘代表「部分正確」，四個皮諾丘代表「絕對謊言」。

德國另一項有趣的企劃是HOAXmap，該網頁列出有關難民的謠言，並且把相關地點標在德國地圖上。臉書在二〇一七年八月也宣布，將進一步遏阻假新聞，一再傳播假新聞的專頁無法再買廣告投放。

特別是在恐怖攻擊和瘋狂槍擊案發生之後，一再有人散播假新聞以挑起大眾情緒。警察也協助反駁這些假新聞，不僅因為他們感到憂心，隨意猜疑他人也妨礙警察的調查工作，假造正式文件的人就觸犯刑法，警察必須抓出這些人。

不要屈服於恐懼

當前百分之七十的美國人最害怕的是恐怖主義，恐怖主義在德國也是最令人擔憂的事件。唐納・川普在選戰中餵養這種恐懼心理。以統計數字

30. 譯註：源自童話故事《木偶奇遇記》，主角皮諾丘只要說謊，鼻子就會變長。

來看，比起受到外國恐怖分子的攻擊而死，美國人噎死的可能性大十倍，持有武器發生意外則有五倍大的機率。也可以這麼說：對加州的居民而言，持有槍械還邀請他去參加烤肉趴的鄰居，遠比一個難民危險得多。

恐怖攻擊是可怕的事件，但是就算防範恐攻是那麼重要，恐怖攻擊卻不是日常生活中最大的危險。德國過去幾年最惡劣的連續殺人案的犯人名叫史蒂芬和尼爾斯，他們是看護，他們各以注射藥物謀殺好幾十個人，這些受害者是他們原本應該照顧的人。

恐懼是種感覺，而且是非常強有力的一種。但是恐懼並不總是合理，恐懼不理會數字和事實，只照著感覺走。自從二〇〇一年九一一事件之後，德國共有十五個人死於一場穆斯林恐怖攻擊，還有許多人受傷，身體變形，終生都需要他人照護。但是恐攻行為本身再可怕，從統計來看，事件只發生在極少數人身上。光是一個護理師，也就是上文提及的尼爾斯，根據調查，他在短短幾年內就至少注射藥物使八十六人死亡，更可能超過一百人，他謀殺的人數超過極左派和伊斯蘭恐怖主義者在德國造成的死亡總人數。

恐怖攻擊讓人感到恐懼的地方在於永遠不知道何時會發生，以及想像本人置身其中，完全無力抵抗和無助。這就像搭機恐懼一樣，騎摩托車比較危險，但是人們總覺得可以自行操縱，握有控制權；相反的，在飛機上，我們把性命交到機師手中，不管發生什麼事，我們幾乎無法改變分毫。這種無力的感覺就讓我們產生恐懼，因此越來越多人害怕搭飛機而不怕騎摩托車。

我們恐懼的事項讓風險研究專家感到不解。恐怖（Terror），在拉丁文裡的意思是「驚嚇」，但是只在人們也感到恐懼的時候，「恐怖」才以狡詐的方式完全發揮作用，沒有恐懼，恐怖就不完整。我們拒絕恐懼，至少就能讓恐怖失去根據。

為了不要造成誤解，對抗恐怖行動是整個社會的責任，搜索、逮捕和審判，這些由警察和法院來做。保護我們的法律則由政治人物來訂定，不喜歡這些政治人物，我們可以定期重新選舉。有人舉止怪異的時候要保持警戒，因為他可能心懷不軌，因為他可能精神錯亂，或者他心臟病發，這是公民的任務。

無論如何，恐懼都不是好的顧問，記者黑利貝爾特·普蘭特就呼籲：「我們需要不再令人恐懼的政治。」達到這樣的政治需要先具備民主的態度，以互相理解為基礎，而非彼此分裂，唯有如此，民主才能長期發揮作用。

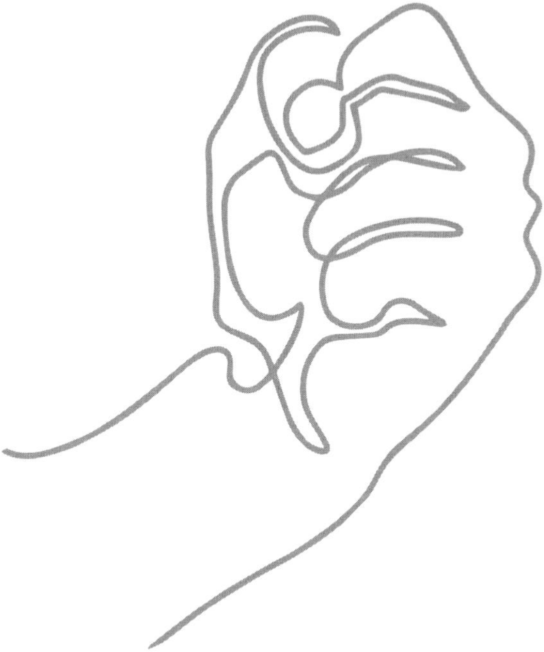

第14章

我們如何從民粹主義獲益？

對於過去的自己不感到羞愧的人，可能學得還不夠多。

——艾倫．狄波頓[31]

本書說起「那些民粹主義者」，這是因為只能以簡化來描述政治策略，但是當然，不管過去或現在，並非德國另類選擇黨或奧地利自由黨的每個政治人物都是民粹主義者，更何況他們不必一直都當個民粹主義者，沒有人天生就是民粹主義者，更沒有人是天生的民粹主義者選民。

民粹主義者不是什麼邪惡勢力，我們每個人都是民粹主義者。我們不也偶爾喜歡指責「身居高位的那些人」嗎？讀到一則有關腐敗／伊斯蘭化／逃稅的文章的時候，就大幅簡化，以偏概全不是比較輕鬆嗎？

有人會對他熟知的政治人物說：「你當然不會被收買，我知道的，我認識你。但普遍而言，政治家就是腐敗！」說這話時很容易忘記，鄰近地區，也許就五公里外，又有個人正對他認識的政治人物說：「你當然不會……但其他的一定……」然後隔五公里又有一人正這麼說，以此類推。

民粹主義那麼有效，因為我們同樣深陷其中，把人分類畢竟簡單多了！穆斯林難民代表所有的穆斯林，薩克森要為種族主義「反西方伊斯蘭化的愛國歐洲人」口號負起責任。我們挑出某種我們剛好覺得適合的特性，然後從中找出結論，認定我們眼前面對的是什麼樣的人。

民粹主義者提供給支持者的是「愉快的隨波逐流，把自己交給低等直覺」，這是英國記者阿倫．波森納（Alan Posener）提出的解釋。隨波逐流相當舒適，不這麼做比較困難，波森納寫道：「必須隨時思考，才不會落入偏見與仇恨，才不至於敗給怒氣惡魔。」雖然經常感到費神，不要隨著民粹主義者起舞有其意義。

31. 艾倫．狄波頓（Alain de Botton，一九六九—），英國哲學家。引文出自其官方推特。

民粹主義是種警告訊號，是對某些似乎失常事件的過激反應。荷蘭人卡斯・穆德（Cas Mudde）是全球最重要的民粹主義研究者之一，他總結表示：「民粹主義者經常提出正確的問題，但是給出錯誤答案。」如何對抗伊斯蘭極端主義？如何減少老年貧窮？稅收應該用來還債還是用來改善道路？媒體對敘利亞戰爭和烏克蘭是否做出專業報導？這些問題都可以也應該找出答案，但是最簡單的答案很少是最好的，一個簡單的「對」或「錯」也不是答案。民主就意謂著討論，沒有歧見就沒有多種意見。

德國人在過去幾個月當中變得比較喜歡討論，也變得比較關心政治。相較於二〇一三年，二〇一七年聯邦議院大選的投票率上升幾乎達五個百分點。政黨黨員持續減少幾十年後，加入政黨的人終於再度多於退出的人數。德國人再度關心政治，關切政治系統，也就是不再對政治感到倦怠。

我們再看薩茲基特最後一次，也就是西格瑪・嘉布里耶暴怒然後豎起中指時所在的城市。二〇一七年，城市裡一場爭議越演越烈。薩茲基特有十萬居民，過去幾年接收了超過五千名申請庇護的難民。雖然有閒置住宅，幼稚園還有名額，基民黨籍的市長卻開始擔心城裡的整合能力。社會民主黨籍的社會局長也說，突然間要盡可能照顧好那麼多難民，的確是項挑戰。

要是有更多難民搬到這個城市，那麼還能維持良好整合嗎？相關辯論持續幾個月，媒體加以報導，專家發表意見，彼此交換各種論點。下薩克森邦首長（社會民主黨籍）最後接受薩茲基特市長的訴求：尚未經認定的難民暫時不得再遷入薩茲基特。綠黨和難民委員會批評該措施不利整合移民，且有違日內瓦難民公約；基民黨則想把這條規則套用到整個邦。

人們或者同意或者反對上述各種立場，但是綜觀而言，在這場政治辯論期間，沒有人把其他人比喻成病原體，政治人物沒有指責彼此是民族敗類，沒有人稱他人是納粹分子，競爭黨派只是想找出妥協之道，一個也許惹惱某些人，讓某些人鬆口氣，又或許讓某些人覺得都可以的妥協方式。民主的運作方式正是如此。

只要多聽民粹主義者說話一會兒，就會發現我們其實正參與這樣的民主，這是當今民粹主義唯一優點，讓人思考民主的種種美德，這些美德不僅適用於政治，也適用在日常生活，在廚房餐桌旁，在教室裡，在工作中。

提起反駁的勇氣。

檢驗別人對你說的話，即使來自比較年長、聰明或強勢的人，或是書籍作家所說的話。

如果有選擇機會，寧可相信事實而非人言。

也要接受矛盾的事物，因為世界不是那麼簡單。

從多種管道接收訊息。

接受你長久以來相信的事物不一定正確。

也要看看和你的世界觀相左的說法，別相信那些說只要相信他們的人。

不要只是反對，也要贊同某些事物。《燃起怒火》是上文提及的斯特凡・埃塞爾的著作標題，他的後繼者說「起身投入」。抗議示威時仔細看看誰在你左右，他們有哪些意見。

如果你通曉外語，找出國際組織怎麼看、怎麼描述你的國家。

不要把人看作團體的代表，只把他當成個人。

想想人們通常立意良好，但還是做錯事。

前美國第一夫人蜜雪兒・歐巴馬的座右銘是「當別人低劣攻擊，我們要高尚回應」，大意是：如果別人羞辱你，說話更應保持相當冷靜。

做出自己的判斷，不要讓別人為你做判斷。

也要一再質疑自己所做的判斷。

要有改變態度的意願。

一律要想著對方可能是對的。

就算只是熟記其中幾點，都將不那麼容易成為民粹主義者的囊中物。

國家圖書館出版品預行編目資料

民粹主義【21世紀公民的思辨課】 / 楊.路德維希(Jan Ludwig)著；麥德文譯. -- 初版. -- 臺北市：平安文化, 2020.11
面； 公分. -- (平安叢書；第664種)(我思；3)
譯自：Populimus
ISBN 978-957-9314-74-9(平裝)

1.民粹主義

570.11 109014788

平安叢書第0664種

我思03

民粹主義

21世紀公民的思辨課

Populismus

作　　者—楊・路德維希
譯　　者—麥德文
發 行 人—平雲
出版發行—平安文化有限公司
台北市敦化北路120巷50號
電話◎02-27168888
郵撥帳號◎18420815號
皇冠出版社(香港)有限公司
香港上環文咸東街50號寶恒商業中心
23樓2301-3室
電話◎2529-1778　傳真◎2527-0904
總 編 輯—龔橞甄
責任編輯—謝恩臨
內頁設計—李偉涵

著作完成日期—2017年
初版一刷日期—2020年11月

法律顧問—王惠光律師

讀者服務傳真專線◎02-27150507
電腦編號◎576003
ISBN◎978-957-9314-74-9
Printed in Taiwan
本書特價◎新台幣299元/港幣100元